小团队管理实操修炼手册

（落地版）

王薇　管奇　饶美霞◎编著

中国铁道出版社有限公司
CHINA RAILWAY PUBLISHING HOUSE CO., LTD.

图书在版编目（CIP）数据

小团队管理实操修炼手册：落地版 / 王薇，管奇，饶美霞编著 .—北京：中国铁道出版社有限公司，2021. 5

ISBN 978-7-113-27628-7

Ⅰ . ①小… Ⅱ . ①王… ②管… ③饶… Ⅲ . ①团队管理 - 手册 Ⅳ . ① C936-62

中国版本图书馆 CIP 数据核字（2021）第 028972 号

书　　名：小团队管理实操修炼手册（落地版）
XIAOTUANDUI GUANLI SHICAO XIULIAN SHOUCE (LUODIBAN)
作　　者：王　薇　管　奇　饶美霞

策划编辑：王　佩
责任编辑：王　佩　张文静　　**编辑部电话：**(010)51873022　　邮箱：505733396@qq.com
责任校对：焦桂荣
封面设计：仙　境
责任印制：赵星辰

出版发行：中国铁道出版社有限公司（100054，北京市西城区右安门西街 8 号）
印　　刷：三河市宏盛印务有限公司
版　　次：2021 年 5 月第 1 版　2021 年 5 月第 1 次印刷
开　　本：700 mm×1 000 mm 1/16　**印张：**15　**字数：**227 千
书　　号：ISBN 978-7-113-27628-7
定　　价：59. 80 元

前 言

随着大众创业、万众创新时代的到来，创业型小企业层出不穷，加之传统企业纷纷掀起一股“大企业＋小团队”的转型热潮，小团队数量不断增长，这带来的既是机遇也是挑战，因为大多数初次创业的小老板、刚上任的管理者没有带领团队的经验，不会选人、用人、育人、激励人。

小团队虽小，但麻雀虽小五脏俱全，带好小团队绝对是个技术活儿。很多创业公司的老板虽然手握很好的项目，但因为不会带团队，导致公司在创业之初就陷入困境，失去了继续发展的机会；很多由技术（业务）转向管理岗位的初任管理者，原来做技术（业务）是一把好手，但带领团队却差强人意，导致团队绩效差，上级不满意，失去继续晋升的机会。同时，随着90后、00后新生代员工不断走向职场，他们的思维模式与行为模式较之以前的70后、80后员工有着很大的差异，他们不相信权威，喜欢自由、随性，厌倦传统的封闭式的大团队管理模式，以至于即便是原来有着较为丰富经验的管理者面对新生代员工时，有时也显得束手无策。

对于新上任的管理者或初创型小企业的管理者往往面临着如下问题：

“不知如何清楚地定义自己的管理角色”

“不理解管理的本质是什么？小团队有着怎样的管理特征？”

“没有管理经验，如何解决工作问题、管理下属？”

“如何有效处理好上下级之间的关系，避免‘上不讨好，下不讨巧’的困扰？”

“如何有效用人、育人，如何提高下属的积极性和热情？”

“如何带出 1+1 ＞ 2 的团队，如何提升团队人效？”

“如何有效管理新生代的下属？”

“怎样才能算得上一名优秀的团队管理者？”

基于小团队的特征及管理者的困惑，我认为应从四个方面入手：一是管理者要了解管理的本质要求，快速转变角度与思维，找到自己的定位。二是管理者应充分了解人性，了解员工背后的行为模式与思维模式，去综合分析你团队中成员的个性、天赋、能力及文化特征，学会有效的用人、育人技巧，打造“人人用得上、人人能离开”的用人机制。三是应由传统的管控式管理模式向赋能式管理模式转变，充分激发团队成员的潜能和工作主动性，关注团队成员的健康可持续发展，以实现组织发展与员工成长的双赢局面。四是加速团队的进化，打造敏捷型高适应性团队，以快速提升团队的社会适应能力与工作绩效。

企业是一个经营场所，追求效益与利润；人才是支撑企业赢得效益和利润的核心力量来源；然而员工不是机器，只有充分了解人性、尊重人性，引燃员工的潜能，激发出员工的工作热情，使之奉献出自己的智慧、才能、责任心去努力、去创造、去革新，企业与员工才能共呼吸同成长，企业才能生存、发展、强大！

如果你是一名新上任的管理者，或者是自己创业的高管，如果你也遇到以上类似的难题，那么本书将给你一个满意的答案。本书以丰富的案例、落地的实操方法手把手教你做好小团队管理。

第一，紧跟时代趋势，把握企业运转与小团队管理的本质核心，了解小团队管理的基本逻辑，找准管理者的自我角色定位，迅速提升管理能力。

第二，善于制定团队目标，善于抓重点、定结点、破难点，敢于向管理要效益。

第三，学会知人善用，把合适的人放到合适的岗位，提升人岗匹配率。

第四，发挥团队协作力，用信任、欣赏、赋能、有效沟通、加速融合等方式打造高绩效团队，形成 1+1 ＞ 2 的团队合力。

第五，做好下属的有效培育与激励，让团队中每个人能独当一面，激发每名员工的激情与活力，形成强大的团队战斗力。

第六，提升团队的执行能力，三分战略七分执行，执行力是团队万力之根，是创造业绩来源的重要手段。

第七，提升有效沟通能力，有效处理好上下级关系，打造和谐的团队沟通氛围，提升团队沟通效率，塑造积极正向的文化氛围。

第八，提升团队的学习与解决问题的能力，打造快速适应时代发展的高速进化的敏捷型团队组织，遇到难题，善于破局，善于创新创效。

虽然如此，管理界有句名言：管理没有标准答案，只有参考答案。加之作者能力有限，本书若有不足之处，欢迎读者朋友批评指正。

本书适用读者对象：

- 中小微企业创业者。
- 企业各级管理者。
- 创业培训咨询师。

- 人力资源管理从业人员。
- 管理类相关专业在校生。
- 其他对带小团队感兴趣的人士。

作者

2020 年 12 月

目　录

第 3 章 发挥效能：高效协作，实现 1+1 > 2

第 4 章 团队激励：激活个体价值，实现“让他干”变为“他要干”

第 5 章 有效沟通：让沟通成为目标达成的利器

第 6 章 培养下属：让团队中每个人都能独当一面

第 7 章 高效执行：小团队，最重要的是推动执行力

第1章

管理定位：小团队管理最能体现管理者的水平

1.1 小团队管理是未来的一种发展趋势

小团队指为完成某项任务、某个目标或解决某类问题而建立的最小人员组成单位。它可以是小微公司、一个部门，也可以是基层小单元，还可以是临时性的项目团队。一般来说，25 人以下的团队都算小团队。当然，这与行业类别和组织类型有很大的关系，有的几个人就可以算一个小团队，而一些劳动密集型的生产或服务部门，也许人数要达到 50 人左右才算小团队。

老子《道德经》曰："天下难事，必作于易；天下大事，必作于细。"小团队对于企业发展起着非常重要的作用，小团队管理是大团队管理的基础，也是时下企业努力探索的一种有效的人才管理、组织治理模式。无论作为初创型的老板还是企业的管理者，想要有一番作为，都应当学会怎么管理好小团队。

1. 大企业小团队模式

约翰·科特在《好团队激活个人》一书中说道："大企业小团队是未来管理的趋势"。日本的稻盛和夫深谙这一道理，将一个庞大的京瓷帝国划分为 1 000 多个变形虫组织，也就是阿米巴经营模式。

如今，传统的大企业开始不断向平台型组织、阿米巴、合伙人、海星等模式转变，纷纷将大团队划分为小单元，避免组织僵化与有效激活人才。于是，大企业小团队管理模式成为一种必然趋势。

比如，著名的阿里巴巴“大中台，小前台”运营模式，“前台”指贴近最终用户 / 商家的一线业务部门；“中台”为“前台”的业务开展提供底层的技术、数据等资源和能力的支持。阿里巴巴模式，就像“特种部队（小前台）+ 航母舰群（大中台）”的组织结构方式。最显著的特点就在于“特种部队”（小团队）的灵活性。这些组成人数不多的“特种部队”在战场一线，可以根据实际情况迅速决策，并引导精准打击。因此，阿里巴巴的竞争力大幅提升。

还有小米“小团队作战”模式。小米公司的早期组织架构非常扁平，基本上是三层：七个核心创始人—部门领导—员工。而且不会让团队太大，稍微大一点儿就拆分为小团队。小米的这种“小团队”模式效率非常高，所以发展很快。

时下，腾讯、阿里、海尔、小米、韩都衣舍等著名企业，都是采用了“小团队模式”，而不是“大团队”运作模式。

2. 移动互联网（人工智能）+ 小团队模式

随着移动互联网技术、5G 技术、人工智能、大数据技术的不断普及应用，许多行业将发生根本性的变革，移动互联网（人工智能）+ 小团队作战模式成为新的管理趋势。

（1）移动互联网 + 小团队模式。

在移动互联网时代，个人能力得到无限放大，少数几个人甚至一个人就可以自成为小团体，独立承担很多工作。如顺丰快递员在上门服务时，随身会携带打单设备、追踪设备和刷卡设备，堪比一家小型快递公司。由于承担了快递公司的大部分职能，顺丰优秀的快递员月薪能达到两万元也就不足为奇了。

2020 年被称为全民直播元年，通过直播的方式，一个小团队就可以活成一个公司，有时一个直播大 V 通过直播卖货，一个月的销售量就可超过传统企业一年的销售量。这种移动互联网 + 小团队作战模式的力量简直是超乎想象。

（2）人工智能 + 小团队模式，这是未来的管理趋势。

目前做得比较好的企业有苏宁集团，让专业人干专业事，只有小团队成为各个细分领域的终极者，才能打造出一系列的极致团队，吸收集团零售智慧的大成。

发票管理是困扰苏宁集团财务服务中心多年的一个难题，别看开发票事情虽小，但一个人每小时最多只能开 70 张，业务量一大，大量的财务人员就要投入到这个琐碎但又重要的工作中来，团队压力大。

同时，报税又成为另一个难题。报税时期短且集中，逾期申报就要产生滞纳金，影响公司信用等级。但苏宁有 5 000 家报税主体，在短时间内完成申报已经很困难，更别说复核。

这样的挑战在财务和人事还有很多，而这种挑战引起了机器人流程自动化管理项目负责人蒋旭曦的兴趣。他希望通过机器人解决那些简单重复、让人不快乐的工作，而 RPA（机器人流程自动化管理）正是实现了让人从“刻苦地工作”向“聪明地工作”的转变。

经过不断地摸索，开票机器人、报税机器人、对账机器人等上百个机器人陆续投入使用，大大提高了公司效率。到 2018 年底，由蒋旭曦团队开发的 300 个机器人每年的工作量相当于 10 000 人一天的工作量。到 2019 年底，600 多个机器人已经成为苏宁的重要组成部分，为财务、物流、零售等相关业务部门每月总计节省工时超 42 000 小时。

由此可见，人工智能 + 小团队作战将成为未来的一种工作模式。

1.2 不懂小团队，你怎么做管理

1. 小团队高效率

小团队管理之所以重要，首先由于小团队拥有独特的优势，其次小团队在组织中起着重要的作用。小团队管理的主要优势有四点。一是划小了管理单元，管理更直接有效；二是小团队更加灵活，可根据实际情况快速决策、快速调整，精准打击；三是小团队没有层级，沟通起来更方便，工作目标清晰，减少内耗，便于统筹资源，快速执行；四是便于人才的激励与培养，因为人数少，管理者可以有效关注小团队的每个人，从而激活整个团队。

腾讯公司高级副总裁、微信创始人张小龙曾说过一句话：“大团队平庸，小团队高效。”为什么大团队平庸？因为冗长烦琐的决策流程会降低创造力；为什么小团队高效率？因为精简的人员架构会提高大家的反应速度。亚马逊创始人贝佐斯曾首创“两个比萨”原则：如果两个比萨都喂不饱一支团队，就说明这个团队过于庞大。

企业管理者经常强调团队协作，但这并不意味着团队人数越多越好。实际上，小团队作业的效率普遍高于大团队作业的效率。要知道，随着团队人员的增加，各种意想不到的问题也会纷至沓来。在这样的团队，个人表现会逐渐减色，单个成员在项目中的参与度也会降低。尽管大型团队内部协作可以完成更多工作，但若是把大型团队拆分为若干小团队，各个小团队完成的工作量会远远超过大团队所完成的工作量。

韩都衣舍是将小团队作业的策略完美落地的代表。他们原来有设计部、电商部和生产部，当产品销量不好的时候，各部门会相互推诿责任，谁都不愿意承认是自己的责任。后来公司把三个部门去中心化，把所有的大团队分解为小团队，每个小团队都有一名设计师和两名店小二。然后，公司给每个小团队一些启动资金，让他们自己设计产品，自己完成销售。

哪个小团队的产品卖得好，公司会给它一定比例的奖金。哪个小团队的产品卖得不好，那么公司再给它一次机会，再不行就要解散。这样每个小团队成员都是在为自己打工，同时又组合在一起为公司服务，这是一种被称为“激励相融”的组织结构，它可以大大增强员工的工作动力和积极性。

管理的本质是激活人才，而管理的最高境界是不用管理。小团队的作业经营模式，恰恰可以最大限度地“不管”，通过去中心化、去强制管控方式，最大限度让小团队发挥自主权，自行决策、自主执行，从而大大激活员工，提升工作主动性与创造性。

2. 小团队管理是个技术活

麻雀虽小，五脏俱全。小团队虽小，但是带好小团队却实属不易。很多创业公司的管理者虽然手握很好的项目，但因为不会带团队，导致公司在创业之初就陷入困境，失去了做大做强的机会；很多部门管理者虽然自身业务能力很强，但因为不会带团队，导致部门业绩差，上级不满意，失去了继续晋升的机会。很多临时性项目由于技术性强、团队协作要求高，团队管理者虽然懂产品和项目规划，但因为不会管理团队，导致投入巨大的项目失败，最终大量经费打水漂。因此，带好小团队是一种必然趋势，也是广大管理者必修的一门基本功。

任何团队的发展都有自己的发展阶段、个性特点、文化特质和系统排他性。从小团队发展的五个阶段来看，可分为成立期、动荡期、稳定期、高产期和调整期，每个发展阶段的管理方式是不同的。比如，成立期更看重团队方向的寻找，团队的组建；动荡期着重关注团队成员的协调，员工焦虑情绪的梳理，关键人才的保留；稳定期着重进行团队的规范化与标准化；高产期着重关注团队的内部协调，以促进高效高能；调整期着重关注团队解散或调整时员工的情绪梳理、流程的规范办理。

从小团队的文化特质来看，小团队既有公司的统一文化与价值观，又可能具有自身独有的文化，就像一个大家族群，有统一的大家族文化，也有每个小家庭自己的文化。

由于小团队人少，没有层级，不像大团队，有层级可以分散压力，有不同的部门可以分摊责任，有众多的员工可以利用矛盾，所以小团队管理是一个非常锻炼人的地方，也最能体现一个管理者的能力。

要做好小团队管理，管理者起码要做好四个基本工作，如下图所示。

管好小团队的四个基本工作

（1）建立使命必达的团队理念。

不管小团队有怎样的团队文化属性，其团队的本质特性不能变，那就是完成团队的目标。如果说团队就是“球队”，那目标就是“赢球”。团队存在是要达成使命，需要每个成员勠力同心。作为团队来讲，管理者应提倡“这是我们的船”“我们是一支球队”的理念，大家聚在一起是为了进步，为了赢得最终胜利，让团队变得更加优秀。管理者不能一味做老好人，只讲感情，不谈业绩，须知职场中，管理者价值体现的唯一标准是：完成目标，创造效益。

在《西游记》小团队中，大家普遍认为唐僧能力最弱，为何却能成为领导者，最重要的一点，唐僧的目标与信念坚定，有一种使命必达的决心与勇气，如果没有这一点，这个小团队完成不了西天取经的重任。

（2）制定清晰的游戏规则。

小团队管理可以灵活多样化，可以不设置冗长而烦琐的规章制度，但必须制订清晰的游戏规则。我们玩游戏时熟悉规则很重要，几乎所有的游戏都有着非常清晰的规则。

（3）建立及时的反馈机制。

在游戏中，及时反馈与玩家的游戏时长有密切关系。如积分、升级机制、虚拟道具奖励会给玩家带来很大的满足感，这种满足感刺激他继续玩下去。

小团队管理也是如此，管理者要懂得及时反馈，包括有效地反馈沟通、激励、表扬或批评。通过及时地反馈，可以让下属清晰自己的工作目标、标准；让下属明白自己的工作在哪些方面做得好，哪些方面做得不好；哪些行为是公司鼓励的，哪些行为又是公司不允许的。

（4）运用简单有效的管理方法。

相对于大团队来说，小团队的管理更灵活。由于小团队人员较少，没有必要制订太多复杂的条条框框，制订者和执行者往往就那么一些人，走流程、讲制度，冗长决策，实在没有必要。

不要把小团队管理搞得太复杂，只有简单的东西才容易施行，才执行到位。小团队的资源非常有限，“减法”比“加法”更重要，只要能达成目标，做的事其实越少越好，不要为了管理而管理。不要搞一些故弄玄虚、华而不实的会议和集中活动，占用大量的工作时间，这样往往是无效的管理。

1.3 能力定位：小团队管理者的能力与素质要求

小团队管理者可能是初创型企业的老板、高管，也可能是大型企业的基层主管，还可能是某个临时项目的经理，其管理的视野与角度是不一样的，但由于管理的人数与幅度具有共同性，他们皆具有冲在一线，管理着最小的组织单元的共性，所以，都可以称之为小团队管理者。

小团队管理者由于许多人初次带领团队，比如公司的老板可能第一次创业；基层主管可能从业务或技术岗位新晋升；项目经理可能是被领导临时派来担任这一角色。在此之前，他们可能并没有过多的管理经验，因此在团队管理过程中出现这样或那样的问题。

到底什么样的人适合当小团队的管理者，他应该具备怎样的能力与素质要求，根据多年的管理与咨询实践，我总结出当下小团队管理者最需要具备五个方面的能力素质，如下图所示。

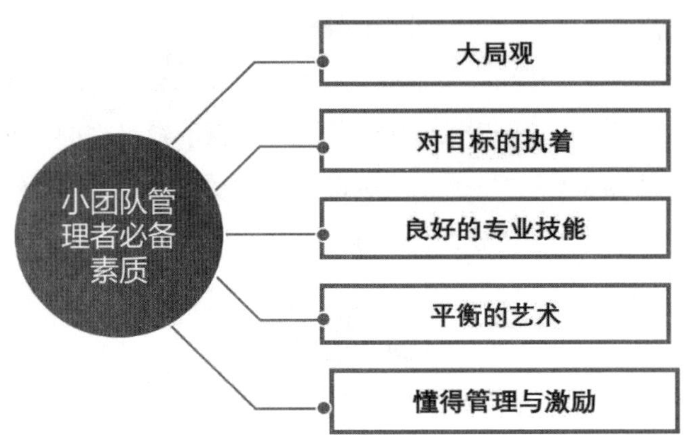

小团队管理者五个必备的能力特质

1. 大局观

优秀的小团队管理者一定要具备大局观，这是一个必要条件。作为小团队管理者必须站在企业的高度，不能只关注小团队的目标与利益，须知小团队是企业的基本组成单位，它的价值产出必须依附企业的可持续健康成长。作为小团队管理者切忌自立山头，当“土皇帝”。即便是新型的阿米巴模式、海星模式中的小团队也必须与企业保持高度一致，关注企业的发展战略与目标实现，与企业的价值观一致。

2. 对目标的执着

使命必达，完成目标是小团队的重要工作内容。目标管理强调把企业的战略分解为每个部门的目标，再把部门目标分解到每个团队、每个岗位，目标管理与绩效管理是企业重要的管理手段，理应成为小团队管理的重要手段。有了目标管理，才能实现员工“要他干”变为“他要干”，大家才能配合起来，凝聚起来。所以坚持目标管理一定是小团队管理者必须要做到的。

3. 良好的专业技能

小团队往往是冲在一线的，作为管理者，没有超强的“战斗力”，怎能管好团队？所以管理者自身一定是专业技能过硬，解决一线问题的高手。虽说管理的本质是借力，可以通过下属来完成工作，如马云说他可以不懂技术，不懂财务，只要懂得把握趋势，思考好企业未来的发展战略与规划就行。但作为小团队管理者不能如此，你必须懂专业，也就是说你可以不做，但你不能不会。因为从管理者的权威塑造来看，专家权是维系管理者权威的一个核心要素，当团队成员搞定不了的技术、业务，只要你出马基本上都能解决，那下属一定对你崇拜有加，你在团队中的威望自然就提升了。

4. 平衡的艺术

管理的核心是平衡。作为小团队管理者兼具对外协调与对内管理两种基本角色，在对外协调维度，既要与上级做好有效沟通，及时做好上传下达，以保证任务的下达与团队目标的实现；又要充分与跨部门、跨团队进行有效的平级沟通与协调，以争取更多的资源与支持。

在对内协调管理维度，虽说小团队人数不多，但人性是复杂的，管理好一个小团队的难度并不亚于管理一个大团队。俗话说：干好村主任也不是一件容易的事。对于小团队管理者来说，要善于平衡内部资源、员工心态、工作的各个方面，总之不是一件容易的事。

5. 懂得管理与激励

小团队虽小，但小团队的管理几乎包括了大团队管理的所有工作，例如人才的选用育留、员工的日常管理与激励。彼得•德鲁克曾说过，“管理的本质是激发和释放每一个人的善意。”管理者要做到激发和释放人本身固有的潜能，创造价值，为企业和社会谋福利。

任何一个人都有天使与魔鬼的一面，团队管理者一方面要通过严格的制度、机制来约束员工“恶”的一面，另一方面要通过有效的激励与启发弘扬员工“善”的一面。

1.4 角色定位：角色错位会让管理变得无效

小团队管理者作为冲在第一线的骨干，在企业中扮演多种角色，既是兵头，又是将尾，既要劳心，又要劳力，在团队工作中是导演，在企业整体管理中又是配角。

但作为小团队管理者，尤其是新晋小团队管理者，容易犯以下五种角色错位："土皇帝""好好先生""救火队长""传话筒""自然人"，如下图所示。而这五种常见的角色错位，很容易让你陷入无效的管理状态，既不能有效达成团队与组织目标，又可能使你管理起来很累，员工心态失衡，吃力不讨好。

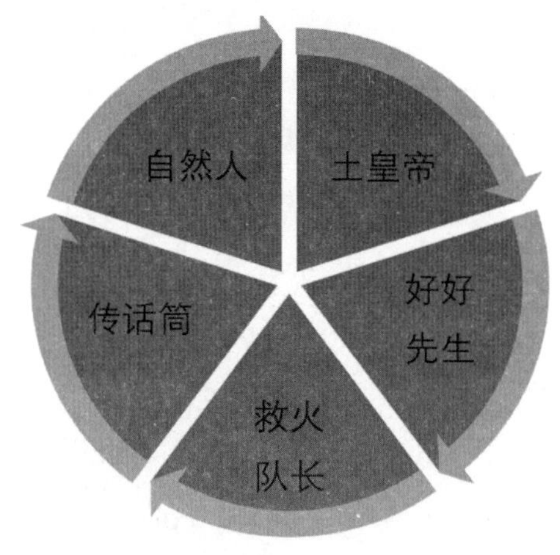

小团队管理者的五种角色错位

其实，作为小团队管理者，在职场中要扮演好五种正确的角色定位，这样才能快速地找准角色定位，让小团队管理变得方向清晰、工作高效，如下图所示。

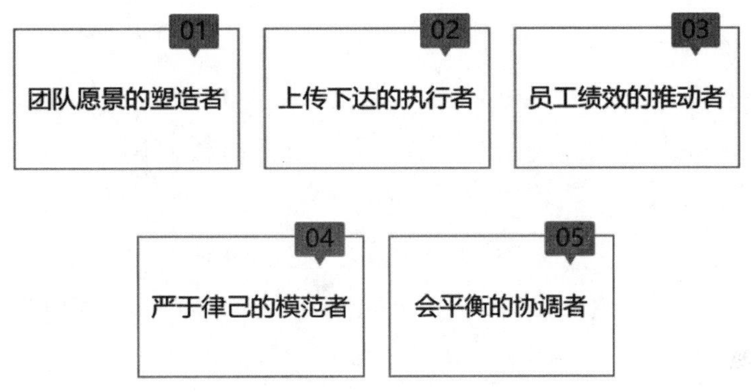

小团队管理者的五种正确角色定位

1. 团队愿景的塑造者

共同愿景是源自团队全体成员内心的未来希望实现的愿望或景象，建立组织成员的共同愿景是一个企业领导人在团队管理中所要追求的最高境界。《孙子兵法》曰：“上下同欲者胜。”团队制胜的核心法宝是，上下同欲，凝心聚力。

团队愿景的塑造是实现上下同欲的有力手段。安东尼·德·圣·埃克苏佩里在《小王子》一书中写道：“如果你想造一艘船，不要抓一批人来搜集材料，不要指挥他们做这个做那个，你只要教他们如何渴望大海就够了。”

优秀的管理者一定是造梦高手，即使是小团队的管理者你的境界一定要比下属高，你的梦想一定要比下属更大。正所谓：梦想大者吸引梦想小者。刘备正是因为有匡复汉室的伟大梦想才能吸引关羽、张飞、诸葛亮等一批人才。

2. 上传下达的执行者

作为小团队管理者很重要的一个角色是承上启下，上传下达。优秀的管理者一定是上级和下属之间的“桥梁”，而不是密不透风的墙。但要做好“桥梁”的作用，管理者还必须掌握对待上级和下属的一套做人做事的方法和原则。

不少新上任的管理者会抱怨：“上不讨好，下不讨巧。”新任管理者的身份不但没有让他们开心，反而让他们忧心忡忡。

所以，上传下达不仅是一门技术，更是一门艺术。在上传下达的过程中，团队管理者要让上级知道自己的团队做了什么，更要让下属知道上级需要他们做什么。

具体来说，在向下级传达上级的命令、指示时应准确、及时；同时，作为团队管理者，不能仅仅单纯地把上级指标要求直接下达，而要为下级提供问题的有效解决方法。在向上级传递下级的意见或反馈时，应客观公正，不要过多强加自己的意见或者干脆强行压制下属的意见不向上报，这样做是错误的。

优秀的管理者既能将上级的目标任务、命令指标及时有效地传达给下属，又能将一线的真实信息、问题及时反馈给上级领导，以便领导有效决策与提供资源支持。

3. 员工绩效的推动者

管理者的主要工作有两项，一是制订与分解团队的目标；二是带领团队成员去实现这个目标。作为小团队管理者，更多应成为员工成长的教练和员工绩效的推动者。随着职场中 90 后、00 后员工的增多，小团队管理应由原来的管控式管理方式向赋能式管理方式转变。不要把绩效考核作为员工扣钱的负向激励，而要通过绩效考核来发现问题，通过绩效面谈、反馈说明让员工自己发现问题，指导其提升、改进，做好员工成长的教练和员工绩效的推动者角色。

4. 严于律己的模范者

在一个企业组织里面，往往不缺高高在上的领导人，而是少了严于律己的“模范者”。《论语 • 子路》曰：“其身正不令而行，其身不正虽令不从。”在小团队管理中，由于没有企业领导人那样高大的职权威严感和信仰忠诚，更多地依靠自己的模范作用和专家权来发挥管理职能。管理界有一句话：下属不会看你怎么说，而是更看重你怎么做。作为小团队管理者要先律己，后律人，“律己才能律人”管理者只有身体力行才能树立权威，制度才能得到施行。

自律是一个人成功的标配，更是管理者的基本要求。具有这种能力，才能带领好一个团队，做出非凡的业绩。作为管理者，权力即意味着责任，自己先做到才能要求别人做到。华为的任正非坚持在食堂排队用餐，到下面子公司去视察工作时，坚持不搞特殊化接待服务，宁愿自己打车前往。同时，任正非强调：管理者要到一线去，要让听得见炮火的人做决策。

5. 会平衡的协调者

前面已经讲过，作为小团队管理者会平衡是一项重要的素质要求，既要能对外沟通协调、整合资源，又要能对内协商、统筹安排。在这个过程中，有时需要按规矩办事，注重“情与法”的维度；有时需要更多地从“情”的维度来办事，尤其是牵涉到跨部门、跨团队外的沟通协调工作。

要做好会平衡的协调者，有时需要管理者跳出问题本身来看问题，让自己解决问题的思维与境界更高。歌德曾说过，“如果你要批评指点四周风景，你首先要爬上屋顶。”他的意思是，只有站得更高，才能看到真正的世界，同理，有时我们管理者很难解决或协调工作中的一些难题，是因为我们的视野不够开阔、站位不高，造成井底观天的困局。

1.5 管理定位：小团队管理应聚焦四个领域

所谓管理就是“管人理事”，管人就要激发人的状态与关注人的发展；理事就是要针对事情设立好目标，提供有效的解决方案，制订清晰的行动计划。于是我整理出一个小团队管理的底层逻辑：一个四维象限模型，如下图所示。横坐标代表现在和未来，这个是时间维度；纵坐标代表事情和人，这个是空间维度。在四维象限的右上角是事与未来的组合，代表的是团队目标；右下角是人与未来的组合，代表的是团队规划；左上角是事与现在的组合，代表的是解决方案；左下角是人与现在的组合，代表的是团队的能力提升。这也是小团队管理的道、法、术、器，团队规划是道的层面，思考的是团队的方向与发展，解决是 WHY（为什么）的问题；明晰目标是法的层面，解决的是 WHAT（做什么）的问题；解决方案是术的层面，解决的是 HOW（怎么做）的问题；提升能力是器的层面，解决的是 WHO（谁来做）的问题。

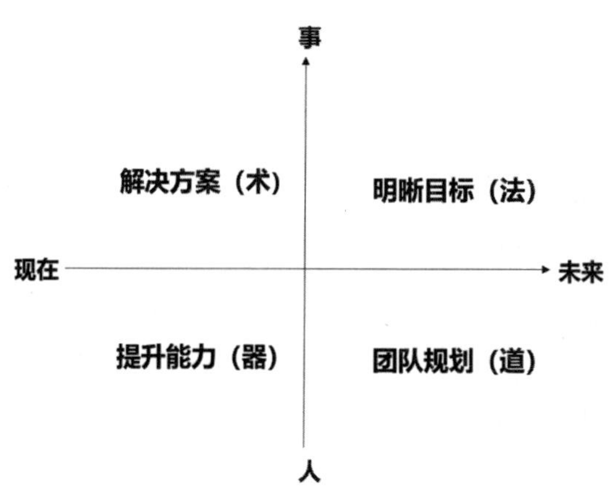

小团队管理的底层逻辑

简单来说，小团队管理者的工作要聚焦四大领域：员工管理、业务管理、目标管理、团队能力建设。彼得•德鲁克曾说过，管理者要重视目标与绩效，只做正确的事，管得少就是管得好。作为小团队管理者要先学会做正确的事，再努力去正确地做事。

行为努力却不改变思维模式，有可能越努力越无效。所以，作为小团队的管理者，你的认知模式与心智模式，决定你做事的效率与效果。

1. 对员工的管理

人是价值创造的本源，小团队管理者务必要在团队成员身上多下功夫，包括人才的选用育留，平时多关心员工，培养员工，尊重理解他们，让团队成员感受到自己和团队紧密地联系在一起；让团队的成员与团队一同成长、进步，感受到成长的快乐。

管理员工之前，必须先准确掌握他们的能力特点，比如：他 / 她掌握哪些技能？工作是否积极？性格怎样？属于一个埋头苦干的类型？还是属于在团队中更能发挥实力的类型？他 / 她擅长哪些领域的工作？习惯于等待领导的具体指示干活？还是在自己全权负责时更能大显身手？

作为一名员工只需要对公司负责，对自己负责。而作为一名管理者，除了要对公司和自己负责，还要对下属负责，即要为团队的每位员工负责。管理者不仅要对员工的业绩负责，还要对员工的薪酬、绩效结果、成长以及未来发展负责，因为这些关系到员工的生存需求以及未来的发展需求，也关系到整个团队未来的发展，如下图所示。

管理者对员工管理的责任

2. 对业务的管理

对业务的管理主要包括三个方面，一是对业务进行有效的梳理与分类，把团队中不同的工作分配给合适的人去做。并把工作按轻重缓急进行排序，哪些第一时间需要去处理，哪些可以稍晚去处理。二是问题的有效解决。业务管理过程其实就是解决问题的过程，通过团队群策群力，寻找解决问题的有效方案，并提升执行力去解决问题。三是标准化、流程化，当工作中的问题得到有效解决后，往往会形成固定的标准、流程，并不断优化标准与流程，既可防止问题的再次发生，又可提升管理的效率与效益。

3. 目标与计划管理

目标是一个团队存在的基础，一切不针对目标做出的努力都是没有意义的。团队如果没有明确的目标是一个非常危险的信号，这代表整个团队和团队成员的工作没有方向，工作内容无法分配，工作质量无法衡量。因此，小团队管理者要为团队明确目标，帮助团队中的每一个人建立目标意识，时刻提醒大家各自的目标。实现部门或团队目标时，最重要的不是“自己拼命干”，而是通过下属来完成部门或团队目标，关键在于要给每名下属制订具体的目标，帮助他们制订有效的工作计划，并监督落实。

4. 团队能力建设

团队能力建设也非常重要，只有团队能力上来了，公司分配下来的目标才能实现；只有团队成员能力上升，管理者才能解放出来，才能有时间聚焦做更重要的事情，才能有时间来思考团队的发展。强化团队能力比较好的方式有三种：一是“查漏补缺”，查找当前团队能力的薄弱环节，然后针对该环节形成改进方案和行动措施；二是在不断的工作或项目历练中，提升团队的能力，包括团队成员解决问题的能力、团队协作能力、执行能力、风险防范能力等；三是激发团队活力，激发团队成员主动学习与主动创造的欲望。知道“为什么”的人几乎能够克服一切“怎么样”的困难。

1.6 小团队管理的五个逻辑

1. 赋能与进化是小团队管理的核心

达尔文在《物种起源》中提道：适者生存，不适者被淘汰。在 VUCA（Volatility Uncertainty Complexity Ambiguity，简称 VUCA）时代下，企业面临的商业环境、管理环境发生巨变，可以说没有哪一种管理理论与方法，能保障企业长久不衰，唯有不断提升企业的应变能力、创新能力才能让企业立于不败之地。

“赋能”一词是如今商业界、管理界出现频率比较高的一个词，由湖畔大学教育长曾鸣教授提出，他认为未来组织最重要的管理方式是赋能。所谓赋能，就是授权与激发，指组织权力下沉，尊重员工特别是一线员工的自主权和决策权，通过调整组织结构、领导方式、促进员工成长等措施，激发员工不断学习与创新，让每一个人都有一定的决策权，充分发挥员工的聪明才智和潜能，成为企业的优势。

同样，作为团队的管理者，赋能也是促进小团队成长的核心手段。历史上的曾国藩乃一介书生，让他带兵打仗，实属“赶鸭子上架”，但他组建了强大的湘军，击败太平天国，主要是他善于给团队赋能，在带人、用人、育人方面有着独特的一套方法。

电影《星际迷航》中这样描述星际航行原理：飞船加速飞离地球后，就不再依靠自身的燃料，而是依靠星球间的引力在飞行，利用星系间的“引力弹弓”，把自己发射到一个又一个新方向。这种情况下，自身燃料只用来调整自己的角度，这样飞得最快，最远，也最省力。在某些时刻，甚至可以利用“虫洞”来穿越空间。

小团队的发展也是一样，团队的命运并不是孤独的航线，而是与整个公司、其他团队紧密相连，一开始可能需要管理者及团队成员的共同努力和精进达到“逃逸速度”，然后就可以利用公司这个平台和系统的力量，撬动自己去更远更好的地方，这也是公司这个平台的价值所在。

2. 小团队管理，有效果比有道理更重要

小团队由于人数少，管理方式追求简单有效，所以讲究有效果比有道理更重要。

曾经有一位做了多年 HRD 的朋友李明向我倾诉：“现在的年轻人真是太难管了，什么奇葩都有。”我们不妨来看一下他与新生代员工的对话。

场景一

HRD 李明：你上班期间不好好工作，将来怎么赚钱养家糊口？

员工：李总你放心，我家有四套房。

HRD 李明：今天怎么又迟到了，公司有明确的考勤规定，你这个月都迟到 6 次了，你记住了没有？

员工：领导，这不是上班的路途太堵了嘛！再说都怪我这个破手机，早上闹钟怎么就没响呢？要么领导借点钱给我换个好手机。

HRD 李明：今天看你上班整天都不在状态，都干嘛呢？

员工：领导，我失恋了。

HRD 李明：你跟女朋友上个月不是分手了，没有女朋友了，怎么又来个失恋了？

员工：唉，这个女朋友是上星期刚谈的。

场景二

HRD 李明：你为什么要选择离职，不是在部门干得挺不错的吗？

员工：我们领导不懂我，他看我不爽，我也看他不爽，不如早点离职。俗话说："天涯何处无芳草"，像我这样做销售的，在哪里找不到工作呀。

像这样的对话也许是如今职场的一个普通缩影，90 后、00 后的思想更活跃更开放，说话直接，不给领导留面子，做事更感性。

《全新思维》的作者、美国未来学家丹尼尔·平克提道，世界已经从过去的高理性时代，进入一个高感性和高概念的时代，当 AI 能处理大部分左脑的工作，唯有感性和创新能力让你获得"人"的优势。作为小团队管理者，有六种能力极其重要：设计感、故事感、交响能力、共情能力、娱乐感、探寻意义。

因此，作为小团队管理者，会讲故事、拥有共情能力，把工作设计变得有趣味性是如今面对新生代员工管理的核心优势，你要做一个更懂员工的新型管理者。

我曾作为 58 同城招聘系统全国巡讲老师团队成员之一，给全国多个地方的 HR 授课，发现一个有趣的现象。同样一门以招聘为主题的课程，不同的老师讲会有不同的效果，即使两位老师讲的内容相差无几，但是传授的方式不同，呈现的效果也不同。

为什么呢？因为其中一位老师不仅讲得简单实用，还有趣；另一位老师讲得太专业，可能理论部分偏多一些，枯燥一些，人的注意力有限，所以很难让人集中精力去听。

这个时代，有趣有时比有用更受欢迎。如果不学会把专业的事情用幽默的方式来表达，是很难被人听进去的。

我们发现在职场中，氛围好、关系融洽的团队往往是偏感性的，团队管理者善于调动大家的感性思维，懂得幽默与共情，懂得换位思考，将心比心。

3. 以人为本，不代表对员工的放任

对小团队的管理力求简单有效，但并不代表着对员工完全不管，放任自由。大家不要误解以人为本的理念，也不要过分强调自由。自由必须是建立在一定规则内的自由。如我们光脚在雪地上行走一定是很滑的，我们需要穿上鞋子，并且这个鞋子底部最好还是有齿印的。因此说，自由是在规则之内、安全范围内的相对自由。

在职场中，业绩与工作结果是证明员工价值的唯一标准，以人为本，不代表对员工的放任。

2020 年热播的电视剧《安家》真实揭示了小团队管理之道。剧中的静宜门店虽然人很少，却汇集了职场中的几类人物角色，有讲人情的店长徐姑姑，有唯业绩至上的房似锦，职场“老油条”谢亭丰，业务能手王子健，起点低但志向远的楼山关，高学历但无特长的“985”鱼化龙，还有工作不积极却能给大家带来快乐的朱闪闪。

徐姑姑与房似锦两位店长的管理各有特色，也各有缺陷，我们将其综合一下便可得出小团队管理之道。

（1）业绩是硬道理。房似锦虽然不近人情，唯业绩至上，但从管理的角度来看是正确的，只是管理方式太过严厉而已。在职场中业绩是硬道理，企业经营的目的是营利。像徐姑姑把朱闪闪当吉祥物一样养起来不是可取的。

（2）自己专业能力过硬。房似锦刚到静宜门店，大家有所不服，“老油条”谢亭丰将几年未卖出的“跑道房”这块烫手的山芋丢给了她，她二话没说就接了过来，抓住宫蓓蓓需要储物间和书房的痛点，将“跑道房”进行装修，

再利用高超的销售技巧，成功将“跑道房”卖给了宫蓓蓓一家。然后，她又利用老严夫妇期望孙子有出息的需求，成功将宫蓓蓓的房子卖给了老严夫妇。房似锦这种极强的解决问题的能力，使得她立刻在静宜门店中树立了威信，员工可能还需要时间去了解她的为人和管理方式，但对她的业务能力无疑是信服的。

（3）不搞无用的形式主义。房似锦刚到门店，看见别的门店的早会都站在门口跳操表决心，可自己的店里却是伴着尤克里里唱《成都》，而且还是一个业绩垫底的门店。这让房似锦怒发冲冠，在她看来，跳操、唱歌都是无用的形式主义，认真地交流讨论业务经验才是最务实的，于是跟徐姑姑开始认真研究早会流程。

（4）团队协作与赋能。团队就像一台精密的机器，每个成员就是这台机器上的零件，虽然功能不一样，但都在各自岗位上发挥着独特的作用。正像《安家》团队中成员一样，在相互影响与帮助下，最终让门店业绩节节攀升。

4. 学会多问“为什么”

知道“为什么”的人几乎能克服一切“怎么做”的困难。作为小团队的管理者，多问“为什么”有诸多好处。多问“为什么”可以让我们更清晰工作的方向，让我们看到问题的本质，从而能够有效激发员工的工作动力，还能开启团队成员的智慧。

在日常工作中，当下属遇到问题向管理者汇报时，管理者习惯于直接给员工答案，这样不利于启发下属思考与主动承担责任。应多向员工问为什么，多问问员工的看法。这一点我们应该向狄仁杰学习，每次元芳对他说：“大人此事必有蹊跷，你怎么看？”狄仁杰马上回复说：“元芳先说说你怎么看？”于是元芳讲了自己的几点看法，狄仁杰又追问：“还有吗？”于是元芳又开始思考，继续讲自己的看法，结果跟在狄仁杰身边的元芳也成了办案高手。可见，只有当员工主动思考与学习时，他才会快速成长。

同时，多问“为什么”可以让员工更有动力，领导力哲学第一人西蒙·斯涅克（Simon Sinek）的黄金圈法则中提到，除了奖赏能让我们有动力外，还有一个能促进我们做事的动力就是“意义感”，我们“为什么”行动。从为什么开始，由本质出发，才能激励每个人行动。

5. 无为而治：管理的目的

管理界很多人故意把“管理”搞得很复杂，把人们弄得云里雾里。其实大道至简，越是真理性的东西，越是朴实无华。当我们抓住了事物的本质，一个公式或者模型即足矣，例如，爱因斯坦只用一个公式“$E=mc^2$”便揭示了质能关系。科学上的“奥卡姆剃刀法则”要求我们直趋事物本质。一个原因就能解释事物，不要用多个；用简单方案就能解决问题，不要用复杂的，否则就是浪费。

顺应事物的规律，因势利导，顺势而为。管理的本质是激发员工的善意，管理的目的是无为而治。

团队员工绩效的产出主要受三大因素的影响，能力、态度和环境。能力是员工会不会干，态度是员工愿不愿意干，环境是允不允许员工干。要提升团队成员的绩效水平，管理者应做好三件事情：第一，设计精巧的制度；第二，授权以激发每个员工的积极性；第三，提升员工解决问题的整体能力。

一个优秀的团队管理者，应是“游戏规则的制订者”，没必要事必躬亲，凡事亲力亲为。只需定好规则让别人去做，结果才是你想要的。

18 世纪英国政府为了开发新占领的属地——澳洲，决定将已经判刑的囚犯运往澳洲。从英国运送到澳大利亚的船运工作由私人船主承包，政府支付长途运输费用，但囚犯死亡率极高。英国政府不仅经济上损失巨大，而且在道义上受到社会强烈谴责。对此，英国政府巧妙地实施一种新制度以解决问题。

政府不再按上船时运送的囚犯人数支付船主费用，而是按下船时实际到达澳洲的囚犯人数付费。据说，新制度实施后效果显著，囚犯死亡率迅速下降到 1% ~ 1.5%。政府只是改变付费制度，一切就解决了。

同样的船，同样的船主，同样的运费，同样的犯人，不同的游戏规则带来两种截然不同的结果：原来的“魔鬼”如今变成了“天使”。这便是无为而治的典型案例。

作为管理者，游戏规则（制度）的设计非常重要，它决定游戏的参与者愿不愿意参与，怎么参与，结果如何。西方有句谚语："你可以把马儿牵到河边，但你不能强迫马儿喝水。"从人性来看，人是不想被别人管的。当通过有效的PK或游戏机制让团队成员自动自发，并且能达到你要的结果才是有效的管理策略。比如，很多做直销产品的团队之所以发展迅速，不仅因为团队管理者的复制能力强，更在于背后设计的强大的利益驱动机制。

1.7 实战技巧：如何做一个被下属认可的管理者

管理者权威的塑造来源一般包括五个方面即法定性权力、强制性权力、奖赏性权力、专家权力和参照性权力。对小团队管理者而言，仅仅依靠职位和权力，是无法收到良好的管理效果，一个好的管理者不该让员工恐惧，而应该获得员工的高度认同。这种认同感更多来源于管理者的个人魅力、榜样示范及对下属的关心与激励，是一种无形的影响与关系互动。

最好的领导者，人民并不知道他的存在；其次的领导者，人民亲近他并且称赞他；再次的领导者，人民畏惧他；更次的领导者，人民轻蔑他。职位与权力只能做到让员工口服，而要做到让员工心服，还须依靠管理者的个人魅力与影响力。

1. 如何做到被下属认可

要做到让下属认可，可以从三个基本条件入手，一是施加影响力；二是做好服务；三是亲和力；如下图所示。

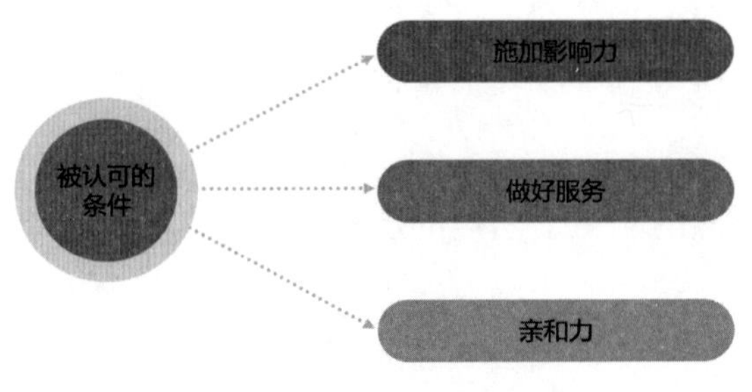

被下属认可的三个基本条件

（1）施加影响力。

团队管理者对下属的影响主要来源于奖赏权、个人魅力和领导艺术，其中个人魅力和领导艺术是一种无形的影响力，每次管理者的领导力提升一个层次，他们的影响力也会随之增加，影响力的过程开始于第二层次，也就是领导力从命令到认同的转变。

同时，在做团队奖赏时要运用两个有效的策略：杀大赏小、无形的激励大于有形的给予。

杀大树威，赏小收心。《六韬·龙韬·将威》记载，武王问太公曰："将何以为威？何以为明？何以为禁止而令行？"太公曰："将以诛大为威，以赏小为明，以罚审为禁止而令行。故杀一人而三军震者，杀之；赏一人而万人说者，赏之。"翻译成现代语，意思为，周武王问姜太公说："将帅用什么办法来树立威信？用什么办法来体现圣明？用什么办法做到有禁必止，有令必行？"姜太公答道："将帅通过诛杀地位高贵的人来树立威信，通过奖赏地位低下的人来体现圣明，通过审慎而严明的赏罚做到有禁必止，有令必行。因此，杀一人而能使全军震骇的，就杀掉他；赏一人而能使全军高兴的，就奖赏他。"

在团队管理中，要敢于"杀大"，不姑息团队中有地位、有声望的人犯大错，尤其是不偏袒与你关系好的亲信。对于这类人员犯错的处理，应该要做到公事公办，但可以艺术性地处理，可以与其私下沟通，讲清楚道理和利害关系，让其认识到错误的严重性，以做出反省，并帮助其改正。

阿里巴巴的马云在处理卫哲的事件上，也许能为小团队管理者提供借鉴。

卫哲曾经是阿里巴巴 B2B 公司的首席执行官，深得马云赏识，卫哲不负众望，将阿里巴巴带上了新高度。后来，由于"供应商欺诈事件"卫哲引咎辞职。作为阿里巴巴 B2B 公司的最高层领导者，下面发生这么严重的事情，确实有不可推卸的管理责任，当时人们普遍认为，卫哲会受到处罚，但没有想到会这么严重——离职。

在马云看来，这不是小事，而是天大的事情，是价值观问题，触碰了公司的底线——诚信。这个事情必须有人要承担责任，而这个人就是卫哲以及众多公司高层。最终，卫哲提出辞职，离开了阿里巴巴。

马云在处理卫哲这件事上，坚持了原则——谁也不能违背公司价值观，但也没有亏待卫哲。卫哲拥有 4 800 万阿里巴巴的股份（阿里巴巴在香港上市时获得），后来，卫哲创办的嘉御基金，马云是第一个投资人。

从这件事情可以看出，马云在处理团队问题的时候很有艺术性，既坚持了原则，又能让当事人愿意接受。

（2）做好服务。

管理从另一种角度来说就是服务，管理者要服务好你的团队，服务好你的下属，支持团队目标的达成与员工的增值。就像家长管教孩子一样，你要管好孩子首先要服务好孩子，这样小孩才能跟你亲近，只有亲近才能认同你。我在授课中经常讲一句话：管理首先要做好服务，既要完成管理目标，还要支持员工成长。如果一个下属在你手下长期得不到成长，说明你是失职的。

（3）亲和力。

亲和力，要求管理者不以势压人，并做到措辞柔和，不伤害员工的人格和尊严。俗话说："树怕伤根，人怕伤心。"工作中管理者一句肯定的话语，一个会意的微笑或一个支持的手势都是"后进员工"进步的精神食粮。为此，作为管理者，要善于发现"后进员工"的闪光点，并耐心去培养，使之不断努力，完善自我。

2. 用业绩说话，带领下属完成团队目标

业绩是团队能力的最好证明，完成目标并不断挑战更高的目标，能给团队成员带来极大的满足感与挑战感。团队不养懒人，公司不养闲人。团队目标的完成有赖于有效的目标管理方法，包括团队目标的制定、目标的分解、团队成员目标设置、目标跟进与资源支持等环节。

（1）目标的制定。

没有目标，团队就像一盘散沙；没有目标就没有责任，没有责任感，就没有团队凝聚力。团队首先要有明确的目标，其次要把目标分解到每个成员，千斤重担大家挑，人人身上有指标，当然目标的下达是在双方协商的基础上

进行的。

彼得·德鲁克提出了管理学中的“SMART 原则”，指制定目标的五个原则，它们分别是：具体的（Specific）、可衡量的（Measurable）、可达到的（Attainable）、具有相关性的（Relevant）、有时间限制的（Time-bound），如下图所示。

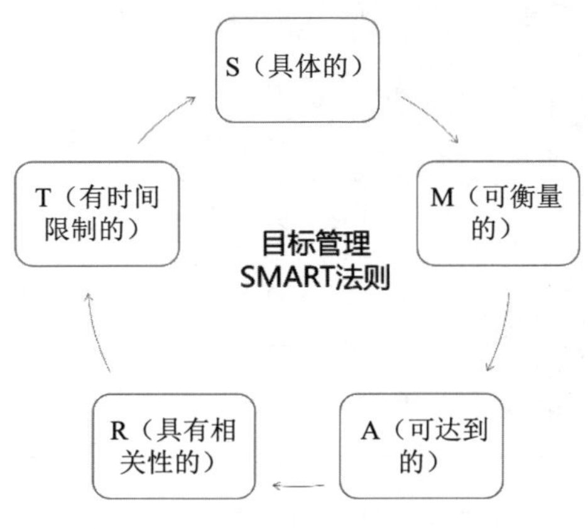

目标管理“SMART”法则

例如，8 月份销售部门目标：在 31 日前完成销售额 2 000 万元，回款率 90%，毛利润率确保 15% 以上。

（2）目标的分解。

目标分解就是把总目标拆分为若干小目标，制订完成每个小目标的时间、进度以及完成质量等。管理者可运用“鱼骨图”的方法进行目标分解，如下图所示。

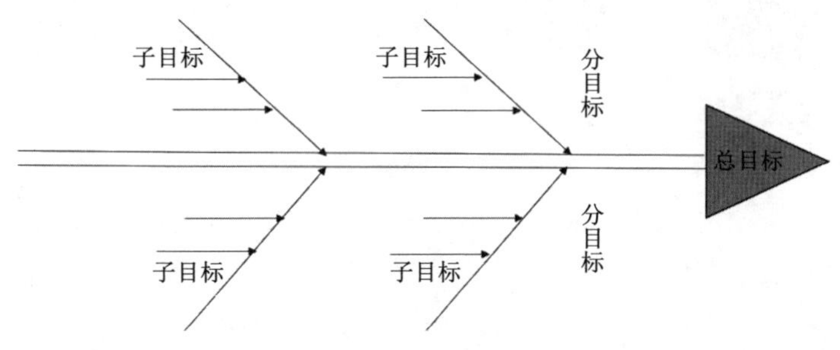

目标分解“鱼骨图”

（3）团队成员目标设置。

团队成员的目标由员工和管理者根据目标分解的结果共同参与商讨确定。目标的实现者要参与目标的制订，这样有利于目标的实现。同时目标的设置可分为基础目标、激励目标和挑战目标三种，基础目标是达标线，激励目标是标准线，挑战目标是奖励线，最终按目标的不同达成结果进行相应奖罚，如下表所示。

某公司员工月度目标设置

成员名称	基础目标	激励目标	挑战目标	完成时间	备注
张三					
李四					
王五					
赵六					
……					
……					

（4）目标跟进与资源支持。

目标的实现有五个关键，分别是目标制订、计划分解、资源支持、有效执行和监督反馈，如下图所示。其中监督跟进是提升员工执行力的有效手段，员工不会做你期待的事，只会做你检查的事。有效监督与过程管控既能保证员工的工作方向不偏离，又能促进员工的有效执行。

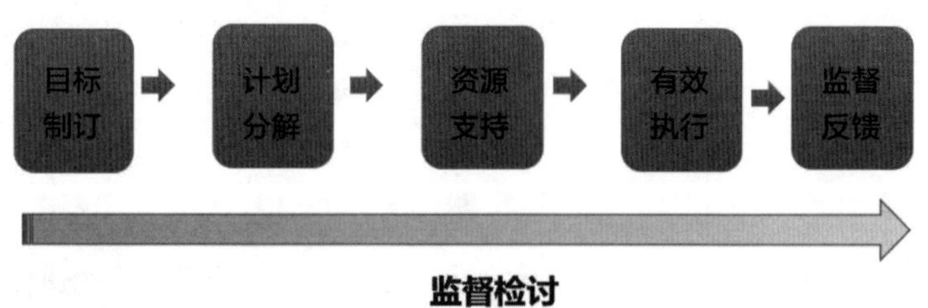

目标实现的五大步骤

但在资源分配与利用方面，管理者往往会犯难，因为资源是有限的，如何利用有效的资源创造最佳的团队业绩是要深入思考的。

通常情况下，团队的整体目标一定是超过当下团队员工实力的目标，具有一定的挑战性，而团队资源是有限的，尤其是一些不受重视的“偏远”小团队能得到的资源更是匮乏，这时候小团队管理者要用突破思维的方式去寻找解决问题的办法，尽量让有限的团队资源发挥最大的价值。

（5）团队工作效率提升。

①“三点式”管理法

在日常团队管理中，不管是推进一个项目，还是举办一个活动，或者带领业务团队，都会遇到一堆事情。对于管理者来说，要善于“抓重点”“定节点”“破难点”，在规定的时间内，把重点做出特色，想方设法突破难点，抓好项目的时间节点，我称之为“三点式”管理法，如下表所示。这种方式的优点是：集中优势资源有成效地完成重点工作，提升团队执行力。重点工作最好不要超过 3 ~ 5 项，多了就不能聚焦，眉毛胡子一把抓，结果可能什么也做不好。

“三点式”管理统计表

重点工作	具体要求（SMART）	工作节点	工作难点（困难或资源需求）

② PDCA 循环管理法

PDCA 循环是由质量管理大师戴明博士提出，广泛应用于质量管理、目标管理、项目管理、工作管理等领域。同时，PDCA 是管理者提升团队工作效率的有效手段，小团队管理者的职责就是以团队目标为基础在日常工作中推动“PDCA 循环”，即“计划（Plan）→执行（Do）→检查（Check）→纠正（Action）”。PDCA 循环是一个持续上升的动态管理过程，而不是一个封闭的管理过程。PDCA 强调在工作实践中不断提升，不断纠正反省，及时调整，如下图所示。

PDCA 团队工作法

第2章

知人善任：小团队管理的基础是识人用人

2.1 慧眼识才：把合适的人放到最合适的位置

识人用人是团队管理的基础，人对了事才能对，事做对了团队才能出业绩。因此，小团队管理者最重要、最基础的工作之一就是如何进行合理的匹配——让合适的人干最合适的工作，在人力资源领域叫“人岗匹配”，主要体现在专业人干专业事，人尽其才，岗得其所。

由于小团队人员有限，往往是一个萝卜一个坑，必须让每个人发挥特长，挖掘其最大的潜能，才能创造最高的绩效。

王华是一家小型贸易公司销售部的经理，近期通过面试招聘了一名区域销售主管，在面试过程中了解到这名主管在其他公司曾经业绩突出，王华对其寄予厚望，安排其带领五名业务员去开拓新的市场业务，可两个月下来，业绩惨淡。后来王华通过分析发现，问题在于此人的能力与岗位需求严重不匹配。在面试甄选的时候看重的是他的业务能力，但其带领团队的能力极差，而这恰恰是这个岗位最需要的关键能力。

相信很多管理者在选人、用人方面都会遇到类似的困扰，感觉某位员工是个人才，但就是在现有位置做不出成绩。小团队管理者在选人、用人时必须进行合理的配置，谋求人与事的适当配合，实现员工能力与岗位需求的良好匹配，使合适的人干合适的工作，才能发挥其最大的效用。

1. 小团队选人标准：价值观＞个人能力

要做到人岗匹配小团队管理者首先要学会有效识人，要明确选人的标准。

不同的公司，选人、用人的标准是不一样的，比如京东的刘强东认为，公司在选择人才的时候，价值观是放在第一位。在京东，那些能力强但价值观与公司不匹配的员工，被归为“铁锈”，对公司的文化和团队文化的破坏性最强，需要第一时间被淘汰。无独有偶，在阿里巴巴的用人体系中，绩效和价值观各占 50%，那些绩效很强但是价值观与公司不匹配的员工，被归为“野狗”，也是要被首先淘汰。

在小团队用人方面，短期来说可能会看重员工的能力，这样的员工能快速给团队带来业绩。但从长远来看，应强调价值观＞个人能力。因为，在小团队里，如果团队成员们的价值观严重不一致是很难走长远的，有可能导致团队内的坏情绪及内耗，甚至会导致员工的离职。如果一个小团队经常性有人离职，这对团队在职成员来说是非常敏感的，因为小团队总共就那么几个人或者十几个人，谁进来，谁离开了，大家都看得很清楚，这种人事上的变动容易被关注，被放大。尤其是部分能力强、影响力大的员工与团队的管理者存在较大意见分歧而离职时，有可能他会把团队内大部分员工带走，这是很危险的。

所以说，小团队用人，价值观比能力更加重要。

2001 年的时候，阿里巴巴的规模并不很大，还算小团队，就开始对使命感和价值观实行了考核，把其与奖金挂钩。当时，阿里巴巴有个决定生死存亡的讨论。那时，摆在他们面前的是要选择走哪条路——到底要不要给客户回扣？要知道，当时阿里巴巴很困难，急需要找到客户。但他们最后决定：我们这个公司就是不给回扣。在马云看来，给回扣违背了阿里巴巴的价值观。三个月后，业绩最佳的两个销售人员给了回扣，马云立刻将他们开除了。

在优秀的管理者眼里，价值观大于个人能力。

2. 如何在面试时看准人

由于人是复杂的，团队管理者在面试过程中看到更多的是候选人外在的相貌、谈吐、学历、经历等基本情况，而很难看到深层的特质，这需要管理者在面试的时候刻意观察，通过科学的面试工具、方法来有效鉴别合适的人才，并通过试用期来继续观察候选人深层次的特质。

实战工具 1：VKSAPM 识人法

VKSAPM 识人法是小团队管理者用来考察候选人可参考的六个维度，分别是价值观（Values）、专业知识（Knowledge）、专业技能（Skills）、综合能力（Ability）、个性特质（Personality）、求职动机（Motive），如下图所示。

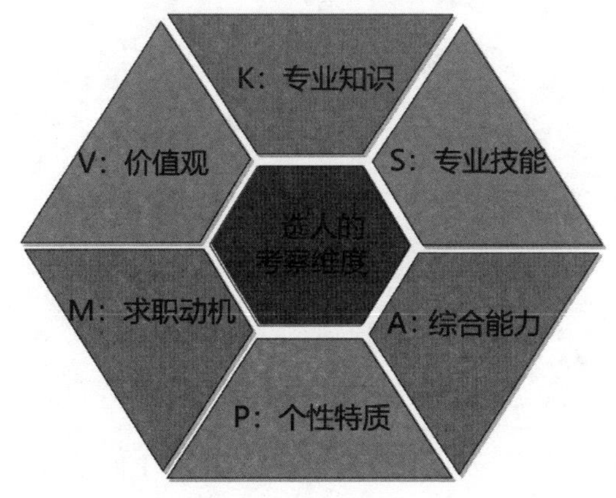

VKSAPM 识人法

但对于团队中不同岗位的候选人考察的维度可以有所侧重，比如管理类岗位招聘侧重考察价值观、综合能力和个性特质等；技术类岗位招聘侧重考察专业知识、专业技能、求职动机等；一线普通员工侧重考察求职动机、专业技能等。

实战工具 2：面试中的 STAR 模型

STAR 模型是用来测评候选人曾经行为的工具，根据候选人曾经的行为可以深入评价他的特质，预见他未来可能做出的行为，如下图所示。STAR 面试法是目前业界最佳的面试法之一，其中 S 代表 Situation（情景），指候选人过去工作的背景情境；T 代表 Task（任务），指候选人过去曾经承担的工作任务或角色；A 代表 Action（行动），指候选人在过去工作中具体的操作和执行；R 代表 Result（结果），指候选人过去曾经做出的成绩。用一句话来概括这个面试方法：在什么情况下，承担什么任务，采取什么行动，最后的结果如何。运用 STAR 面试法，通过候选人的回答来判断他深层次的特质，并且这个提问是现场临时发起，基于候选人过去的经历来做的提问，更具真实性，属于典型的行为面试法。

面试中的 STAR 模型

例如，某人来你们部门面试销售岗位，简历上写着其做过很多类型的销售工作，业绩也很突出。面试官可以选择恰当的方式来询问以下问题。

（1）请问你在过往的销售工作中遇到最难的一个销售项目是哪个？有什么样的背景？（情景）

（2）这个销售项目的目标是什么？你在项目中负责什么？你的任务目标是什么？（任务）

（3）为了达到你的任务目标，你都做了哪些工作？你是如何化解这个项目中的难点的？（行动）

（4）这个销售项目最终结果如何？你的任务目标完成得如何？你对结果怎么看？（结果）

另可增加补充提问：你觉得对你自己做出的这个结果满意吗？如果不满意你认为有哪些问题和不足？如果这个销售项目再让你重新做一次，你会如何改进？

3. 能岗匹配是关键，匹配比优秀更重要

知人善任的核心是“能岗匹配”，能岗匹配包括：知人—知岗—人岗匹配三部曲，知人是前提，知岗是保障，人岗匹配是关键。

作为小团队管理者要树立两个理念。

（1）没有不好用的员工，只是没有把他放到合适的位置而已。千里马驰骋疆场，但耕地不如牛；如果让牛像马一样去疆场奔跑，那迟早也会被累死。这是典型的没有认识到它们的优劣势，放错了位置。

（2）职位是为普通人设计的，而非圣人。在团队中设计职位时，要科学合理，不能让岗位设计太复杂，设置出一些“只有天才才能胜任的岗位”；也不能把岗位设计得太简单，让待在岗位的人员太清闲。同时，岗位的设置要有挑战性和提升的空间，有趣味性、有挑战的工作更符合 90 后、00 后员工的特性；有提升的空间是让员工能看到希望，方便后期帮助员工实现职业生涯规划。

实战工具：人职匹配模型

每个员工都有着各自的能力，创造独特的价值；而每个职位有着其独特的岗位要求，组织也会赋予其相应的岗位报酬。当员工的能力与职位的要求相匹配时，才能真正做到人尽其才，岗得其所，员工的能力才能真正发挥，从而创造有效的岗位价值，如下图所示。

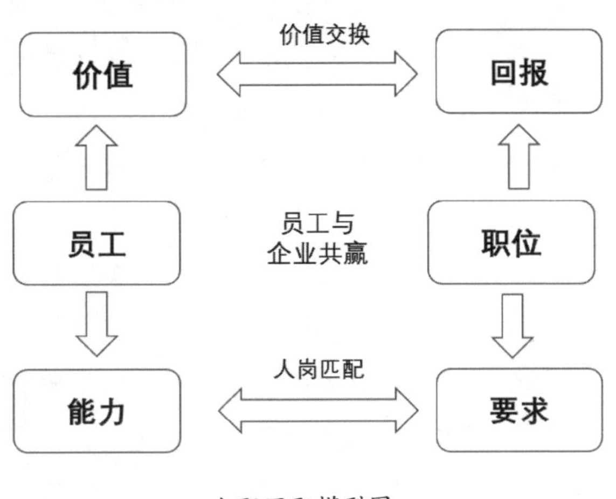

人职匹配模型图

职场是一个价值交换的道场，当员工的能力达到组织要求时，组织满意；当组织给予员工的回报让员工满意时，员工幸福；这是员工与企业共赢的一个过程。

2.2 人尽其才：发现员工差异化优势

扬长避短、量才而用、合理匹配是小团队管理的关键点，要善于用“放大镜”看员工的优点，发现员工差异化的优势。

1. 没有不好用的员工，只有不会用员工的管理者

在工作中，管理者如果能善于发现员工的差异化优势，就有可能充分发挥出员工的潜能，从而实现员工与岗位价值效益的最大化。

高晓松在《鱼羊野史》里讲述过这样一个故事。

慈禧的丈夫咸丰皇帝能够从那么多的皇子中胜出，并不是因为他先天条件有多好，而是他和他的团队特别善于分析自我，找准优势。

当时，道光皇帝的前三个儿子全部夭折，谁是四皇子，谁就是老大。虽然按照清朝的惯例，皇长子未必有绝对继承权，但皇帝年老，年长的皇子更有优势，为此咸丰的母亲特地吃了催生药，咸丰成了老大。遗憾的是咸丰由于早产，体质非常差，小时候把腿也摔瘸了，甚至脸上还有麻子，外在形象毫无优势，而道光最喜欢的孩子是六皇子，也就是后来的恭亲王奕䜣，眼看咸丰就要扎扎实实地输在起跑线上了。

可是，老四咸丰的老师杜受田谋略过人，并且特别不信命；老六奕䜣的老师却是刻板方正的书生，只走寻常路，只读圣贤书。咸丰最终的胜出，很大程度上在于杜受田合理运用差异化优势的规则，帮助他在两个关键场合获得道光皇帝的认可。

第一次是道光皇帝组织皇子们南苑打猎，考验大家的骑射功夫。杜受田对咸丰说：“你啊，一箭不发，因为你射箭比不过老六，不如不出手。”果然，晚上清点猎物，老六最多，道光特别高兴。但是，咸丰什么都没有打到也很奇怪，

道光接着问老四："你怎么连一个猎物都没有打着啊！"

咸丰说了这么一段话："现在正是春天，万物怀春，母兽即将产子，我怜惜这些动物，不想违天和，所以一箭未发。"道光皇帝听完，非常高兴，认为四皇子有仁心。"仁厚之心"对于古代的帝王是非常高尚且难能可贵的品质，被作为选拔储君的重要标准。咸丰扬长避短，获得一次漂亮的加分。

咸丰的第二次胜出也很意外。当时，年迈的道光皇帝把皇子们叫到面前，想了解他们各自的治国策略，杜受田再次提醒叮嘱咸丰："皇上这次肯定要说自己老了，以后当然要靠你们。四皇子你的口才不如六皇子，即使皇上说自己老了，你也别接话，只管哭，避免与六皇子同台而衬托他的长处。"果然像老师预料的那样，六皇子奕䜣回答得头头是道，但咸丰边哭边表达："只要想到父皇千古这件让人这么难过的事，就没办法考虑其他问题。"

答案让道光皇帝非常感动。从身份上说，道光既是皇帝也是父亲，他既希望看到能干的接班人，也盼望儿子对自己有孝心。这种复杂多变的心理被杜受田准确捕捉到，避开六皇子能言善辩的长处，发挥四皇子忠厚、孝顺的特点，再次反败为胜。

李白说："天生我才必有用。"每一个人天生都有着独一无二的价值，作为团队管理者，要用人所长，对于员工的缺点，没必要十分注意，因为组织的优势是可以让团队中成员相互取长补短，避免个体缺陷带来的失误，从而发挥 1+1 大于 2 的作用。只有适当放大员工的优点，找准其差异化的优势，才能激发员工的工作热情，从而起到有效的激励作用。

2. 差异化识人、用人"五星"模型

优秀的管理者要善于分析团队中每个人的优缺点，并围绕"价值发挥"来客观地看待员工的优缺点，从理论上来讲，员工没有绝对的优点与缺点，只有特点。老子《道德经》曰："有之以为利，无以为用。"一个人的优势在给其带来便利的同时，也常常限制了他；不具备的优势才是未来有待拓展的空间。老子还说："弱者道之用，反者道之动。"意思是向相反的方向探索是"道"的运行方式。

因此，有时员工个人的缺点在组织中若能加以正确运用，也能起到独特的作用。

有一位团队的管理者很会用人，特别是用有缺点的员工。例如，他让爱吹毛求疵的人去做产品质检的工作；让谨小慎微的人去做安全监督工作；让斤斤计较的人去做财务工作；让爱道听途说、传播小道消息的人去做信息收集工作；让性情急躁、争强好胜的人去做需短时间内完成的紧急工作；让喜欢跟随的人去做辅助性的支持工作。结果，这个团队的业绩非常优秀！

我总结了一个差异化识人、用人的五星模型，如下图所示。紧紧围绕“差异化价值与组织需求”去客观分析团队中每个成员的能力、思维、行为、优缺点及用途五个维度。要着重思考如何去进行合理的团队搭配，做到成员的优劣势互补，让一批不完美的团队成员通过独特的定位与有效的搭配，来打造完美的团队，创造高效的业绩。

差异化识人、用人的五星模型

2.3 认识下属：做出客观公正的评价

清晰认识下属，对团队成员做出客观公正的评价是知人善任的基准。彼得·德鲁克曾说过，“没有度量就没有管理”。若不能对人才进行量化就很难对其进行有效的管理。

1. 静态评价方法：岗位胜任力评估

由于人是复杂的，我们不能简单地用“是非观”对员工进行判断，不能凭感觉说这个员工行，那个员工不行。必须有一个能说服大家的考核基准，而这个评估员工的一般基准是岗位胜任力，如下图所示。包括员工具备的知识、技能、经验、素质和绩效产出，前四个指标是用来预判员工是否具备该岗位的胜任能力，而绩效产出是检核员工是否真正胜任的有力证据。

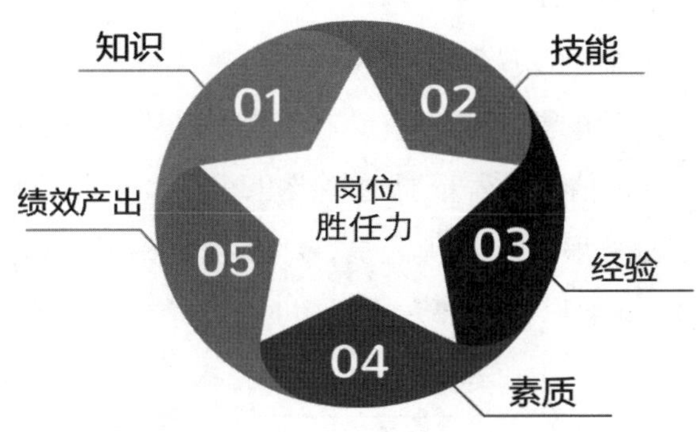

员工岗位胜任力评估五维度

公司一般都有岗位说明书和岗位胜任力标准，通过对员工岗位胜任力评估，可有效判断出员工在知识、技能、经验、素质和绩效产出等维度相应的等级水平，并通过与公司的岗位胜任力标准进行比较，即可得出员工的胜任力状况，亦可知道其问题与差异在哪里。

2. 动态评价方法：赛马不相马

海尔公司提出的用人理念是“赛马不相马”，主张人人是人才，赛马不相马。为海尔人提供公平竞争的环境与机会，尽量避免伯乐相马过程中的主观局限性和片面性。

在小团队中由于人数不是特别多，平时大家都知根知底，在人才任用方面，有时管理者的确很难给出标准的答案，这时“赛马不相马”机制便是有效的用人手段。可以充分保障人才任用的公平性，做到让大家心服口服。同时，既然是“赛马”就必须设置公平的、科学的“赛马”规则，并广而告之，让团队中的每个成员都了解相关规则，以便让大家在同一起跑线上公平地参加竞赛。

3. 特定评价法：关键事件评估

关键事件评估用于对团队成员的关键特质、关键行为进行评估，是客观评价体系中比较简单的一种。

这种方式可用于筛选团队特定岗位所需要的人才。比如，团队中缺少一个基层主管，这个岗位的要求是正直、有担当、执行力强，那么在内部选拔时就可以用关键事件评估法，着重对这些维度进行针对性评估。

关键事件评估法一般要求管理人员，将对被观察者工作过程中的“关键事件”进行详细的记录，以便内部人才任用时作为有效的凭证，如下表所示。

关键事件描述记录单

被观察者		地点		时间		记录人	
事件发生背景							
被观察者的行为							
行为的结果							
关键事件分析结果							
在本事件中被观察者表现出的个人特质 / 思维							
这些特质 / 思维的核心价值在哪里							
该关键事件结果的可应用维度有哪些							

2.4 读懂员工：要用好员工，先读懂员工

当我们购买家电、手机回家后，要想使用好就得先读说明书。而同样在职场中，要用好员工，也必须先读懂员工的“使用说明书”，这个“说明书”便是人性，这是用人的前提假设。同时，用人还要充分了解他们的特性与核心诉求。

1. 你真正读懂你团队的员工了吗

企业中随着 90 后、00 后员工不断增多，对团队管理者的管理水平提出了更高要求。到 2025 年，3/4 的职场人士是 90 后，90 后会逐渐成为职场的中坚力量。有人认为 90 后崇尚自我，个性张扬，自我主观意识强，不好“忽悠”，“鸡汤”免疫，不差钱，不喜欢规矩和约束，信服大牛，不服权威……作为 90 后员工的他们，更关注别人对他们的尊重、自我价值实现和团队荣誉感。

读懂团队成员的特性、喜好及核心诉求，是用好团队成员的关键。人的需求影响着行为，没有得到满足的需求比较能够激发人们的行为，相反地，已经满足了的需求则较难激发人的行为。当只有真正了解员工的核心诉求时，才能真正激发员工的有效行为。

作为小团队没有那么多可供晋升的岗位，更多地依靠管理者的表扬、团队荣誉、有挑战性的工作、归属感等来实现员工的需求。

实战工具：马斯洛需求层级模型

马斯洛需求层次理论最由美国的心理学家亚伯罕·马斯洛在 1943 年提出的。马斯洛需求理论的核心含义是人们因为心智、环境等不同，个体的需求各不相同，可以分成不同的层次，由低到高分别是生理需求，安全需求，情感和归属需求，尊重需求，自我实现需求，如下图所示。

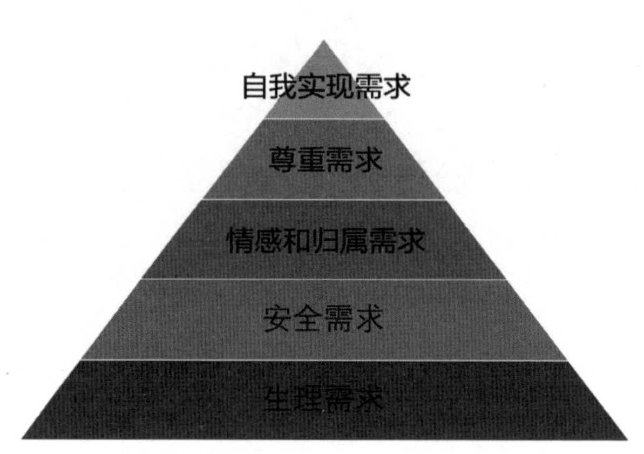

马斯洛需求层次理论模型

一般来说，人们在较低需求得到满足之后，会产出较高的需求，当然，也有人不遵循这种规律。同时，90 后、00 后员工不再像以往 60 ~ 80 后员工那样有明确的生理需求和安全需求，新生代的员工更关注上三层的需求，因此，给小团队的管理者提出了更高的挑战，需要针对员工的需求安排相应工作，才能够有效激发员工的主观能动性。

2. 做好三招，让你更懂员工

其实我们要读懂员工并不难，只用简单的三招即可轻松实现。会看：看出员工的特征与变化；会谈：谈出员工的想法与需求；会炼：炼出员工的真材实料，如下图所示。

三招让你读懂员工

（1）会看：从语言、微表情读懂你的员工。

由于小团队人数较少，团队管理者很容易通过员工日常的言谈举止来发现员工的个性特征、情绪变化。通常情况下，说话语速比较快的人可能是急性子，说话语速慢的人可能是慢性子。如果平时说话很温柔的人，突然很大声音地说话，说明某件事情带动了他的情绪。

通过观察员工的表情、行为变化，可洞察员工心理层面的想法。例如：管理者在和员工沟通时，如果员工皱眉、玩手机、东张西望，那么表示员工对话题不感兴趣或比较纠结；如果某员工一段时间来对你特别热情，说明可能有事要有求于你；如果员工近段时间与你沟通时，总是眼神飘忽不定，顾左右而言他，说明他在对你撒谎或有离职的倾向。

（2）会谈：通过深入沟通，了解员工心理层面的想法。

通过深入、多方位地与员工进行沟通，是了解员工心理层面想法的必经途径。首先从员工感兴趣的话题切入。沟通方式讲究“情理法”的逻辑，管理者要想通过沟通的方式与员工拉近距离，切忌一味与员工聊工作、聊绩效，而是要多谈“三无话题”（无关、无聊、无压力）来拉拢你与员工之间的距离，让员工与你沟通时感觉到轻松愉悦。

其次，对不同的员工使用不同的沟通方式。管理者要根据员工的性格、习惯等使用不同的语言和员工保持同频同率。例如：有的员工说话做事比较严谨，不要随便跟他开玩笑；有的员工比较外向，说话直接，那你与其沟通时也可以相对放开点，有话直说；有的员工说话声音小，比较畏惧和管理者说话，那么管理者也要适当降低音调，并表现出友好的态度。

（3）会炼：在具体工作事项中辨别员工的真材实料。

在具体的项目与工作事件中，可以有效地让管理者读懂下属。有的员工平时说起来一套一套的，但到关键做事的时候往往表现效果不佳；而另一些员工平时在团队中好像默默无闻，但在关键事件中有可能表现出力挽狂澜的作用。俗话说：“试玉要烧三年满，辨才须待七年期”，识人是一个长期的过程，我们要把很多东西交给时间来检验。实践是检验真理的唯一标准，只有把员工放到具体的工作当中长期观察，才能全面地、清晰地辨别出人才的真正价值。

2.5 用人机制：谁都用得上，谁都能离开

在小团队管理中最完美的表现是：谁都用得上，谁都能离开。在现实中，最让人头痛的是某个非常重要的骨干成员突然出现问题，比如闹矛盾、离职。这会给团队造成巨大的影响，甚至毁掉团队。

1. 人人有价值，谁都用得上

每个人都渴望被尊重、被肯定，这是人们发自内心的核心需求；当一个人在团队中用得上甚至不可或缺，他 / 她便会感受到自己有价值，认为自己是团队中重要的一份子。

在小团队管理中，由于没有太多的实质性职位分配给大家，可以在团队中虚拟很多职位，比如纪律委员、公关委员、文娱委员、后勤部长、小组长、快乐天使等，让大家感觉自己大小也是一个“官”呀。这就好像网络社群管理模式，可以给社群成员安排很多虚拟职务，比如群主、× × 片区负责人。

李明爱人是某互联网公司销售部门的一名普通职工，李明发现其爱人自从进了这家公司，每天上班都是早出晚归，要说工作忙吧，也不是天天很忙，李明很是纳闷。

一天，其爱人由于前天晚上发烧至 39 度，当天上午去小诊所打了两瓶点滴后准备赶向公司上班，李明急忙拉住她说：“今天就向公司请一天假，休息一天吧。”其爱人说：“不行，部门少了我可不行呀，我是部门的纪律委员兼学习委员，我今天要是不去公司，部门的纪律谁管？”

李明听完爱人的话，真心佩服这家互联网公司的管理之道：给每个员工分配虚拟职务，让每个员工感觉到自己有价值，感觉自己是团队中重要的一份子。真是厉害！

2. 打造高效用人机制，谁都能离开

在日常工作中，经常能听到一些人夸耀自己对团队的重要性“我们团队

根本离不开我！”“我是部门的顶梁柱，上次，我请了一个星期假，经理 3 次打我电话催我上班。”“今年销售部的业绩总任务我完成了 60%，而其他 6 个人加起来才完成 40%，如果没有我，他们都完蛋了。”这些话的意思非常明显，没有他，这个团队就无法正常运转，团队离不开他。

现实情况也确实如此，有些人对团队至关重要，重要到离开他团队就会“完蛋”的地步。如果出现这种情况，说明我们管理者是失职的，至少我们不是一个优秀的管理者。我们管理的软肋太明显——受制于人。如果这个人出现问题，对团队来说，将是致命的，将整个团队的命运寄托在一个下属身上，未来的风险太大。而且在进行团队管理时会面临非常尴尬的局面：这位下属犯错，该如何处理；这位下属动不动要求加工资，该如何处理；这位下属突然离职，该如何处理。

优秀的管理者所带出来的团队，应该具有这样的特点：谁都用得上，谁都能离开。任何人的离开，都不会给团队造成致命的伤害，也就是说，这个团队离开谁都能正常运转。而且，这里也包括我们这个管理者。因此，优秀的管理者应建立一套有效的团队用人机制，让团队离开谁都能正常运转。

那么如何才能做到让“团队离开谁都能正常运转”呢？我们可以从以下三个方面入手：赋能、轮岗、放权，如下图所示。

打造“谁都能离开”的团队用人机制

（1）赋能：培养团队成员解决问题的能力。

小团队管理者在实际工作中，要培养团队中每一名员工解决问题的能力，而不是替员工解决问题；也不能把所有工作或问题集中让团队中某一个人去解决，要养成群策群力，一起开会讨论，以问题解决小组、老带新、补团队短板的形式提升团队成员的整体工作能力与解决问题的水平，减少对团队牛人或管理者的依赖，成长为一个独立、高效、自发的工作团队。

赋能是解决“谁都能离开”的团队用人机制的核心，是一种长远的团队管理机制。优秀的小团队管理者要实现团队业绩达成与员工能力的同步提升，而不仅仅是关注团队的短期业绩。

（2）轮岗：不让一个人霸占某一岗位。

要善于让员工轮岗，这样既能锻炼员工的一专多能，又能不让一个人霸占某一岗位的情况出现。

我曾在一大型贸易公司工作过，其中有一产品线销售部只有一个专职文员，于是所有文职性工作、客户投诉处理、客户的档案管理工作都归这名文员来做，后来这名文员由于结婚离职，导致整个销售部的后勤保障工作跟不上，流失了几个重要的客户。

由此可见，在小团队管理中，切忌让某一个人长期霸占某一个岗位，尤其是重要性岗位。延伸到销售领域切忌让某一业务人员长期霸占某个片区的业务，这样容易滋生腐败与懒惰现象，也容易给团队带来不可控的风险。

（3）放权：允许员工在犯错中成长。

不懂得放权，员工就得不到独立的锻炼；害怕犯错会制约员工的成长，而管理上的苛求会放大这种害怕，让员工甘于平庸，安于现状，不思进取。所以，管理者要懂得有效放权，允许员工在犯错中成长，要给他们预留一定的犯错空间，让他们大胆地发挥自己的创造能动性，积极努力地工作。

当然放权与允许员工犯错是在一定范围内的，放权不能失控，要能随时收得回。对于犯错后屡教不改或故意犯错的员工，决不能姑息，要坚决清除。

2.6　利用稀缺性原理做好小团队用人管理

所谓稀缺性指在某一特定的时空里，有限的资源大大小于人们满足欲望的总体需求。稀缺性原理在商业领域运用得特别广泛。而今天，我们利用好稀缺性原理来进行团队用人管理也能起到非常好的效果。

1. 员工稀缺注意力的管理

有一本《注意力商人》的书，里面强调："争夺注意力是一切商业活动最底层的逻辑。"换句话说，无论你做的是什么产品，抢夺注意力是底层逻辑，而这个时代，抢夺注意力就是抢夺大家的碎片化时间。比如，你看看现在的娱乐产品，都是在抢夺粉丝、观众的那最后一点碎片化时间。抖音、微信公众号文章、微视频，都要求在几分钟之内达到高潮，吸引读者，然后结束。因为你要抢夺的不是别人的整块时间，而是碎片化的时间。

在职场中，管理好员工的注意力和碎片化的时间非常重要。随着 90 后在职场中担任主角，他们在互联网里长大，互联网产品（微信、抖音、快手、游戏）成为他们生活中很重要的一部分，工作只要一有空余时间，他们就会拿出手机来刷微信、刷抖音。有调查显示：平均有 25% 的微信用户每天打开微信超过 30 次，55.2% 的微信用户每天打开微信超过 10 次。工作群体上班时间平均有 1 小时在看微信，假设某公司有 1 000 名员工，每天公司就有 1 000 小时的效率损失，按照员工工资标准 30 元 / 时进行计算，那么每天就有 30 000 元的效率损失；每年 250 多个工作日，一年的效率损失应当高达 750 多万元，这个数字值得管理者深思。

因此，作为团队的管理者要善于抓住员工稀缺的注意力和碎片化的时间。可以从以下三个方面来入手进行管理。

一是引导员工进入深度工作的状态。麻省理工大学计算机博士卡尔・纽波特在其畅销书《深度工作》中指出："深度工作指在无干扰的状态下进行的职业活动，使个人的认知能力达到极限。这种努力能创造新价值，提升技能，而且难以复制。"在卡尔看来，要想在新经济形势下成为赢家，必须要有两种核心能力，一是迅速掌握复杂工具的能力；二是在工作质量和速度方面达到精英层次的能力。而要拥有这两种核心能力，"深度工作"是最有效的方法。

在团队管理运用中，管理者可通过让团队成员有计划性做事、定期总结、工作时间远离社交媒体、有效做好时间管理等方式来引导员工进入“深度工作”的状态，养成良好的习惯。

二是塑造积极正向的工作氛围，及时把员工从坏情绪的注意力中转移出来。情绪具有传染性，当团队中弥漫着坏情绪时，团队成员的工作积极性会下降，从而影响团队绩效。

分享一个故事：

有一个父亲，工作不顺利，回到家，跟母亲发了脾气，母亲心里过不去，把孩子凶了一顿。孩子气得离家出走，把一只流浪狗踢了一脚。流浪狗气不过，追着一只流浪猫跑了一个街区。流浪猫忍了一夜，把小区的垃圾桶全部撞翻了。父亲第二天早上上班，看到满小区都是垃圾，又愤怒了。

由上面的故事可以看出一个原理：情绪具有强烈的传染性，坏情绪很容易形成恶性循环。真正厉害的人都是控制情绪的高手。优秀的管理者也定是团队情绪控制的高手。

三是让团队劳逸结合。小团队管理相对来说比较灵活，没必要搞得那么僵硬与官僚化。一个人劳逸结合，工作效率才能最大化，团队效率也是如此，不能让团队的工作压力一直保持上升趋势，要及时让团队减压，鼓励该认真工作时认真工作，该休息时轻松休息。可通过团队集体活动、放松的 PK 游戏、下午茶等方式让团队成员适当放松。

2. 抓好团队的核心人才管理

著名的“二八原理”告诉我们，在团队中 20% 的人创造了 80% 的绩效，因此抓好团队中的少数核心人才管理更有价值。

要做好小团队的核心人才管理也可以通过三种方式来实现。

一是把资源适当向关键核心人才倾斜。这能有效提升资源的利用价值，从而提升整个团队的工作效能。但这种资源倾斜也必须是有限度的，不能影响其他成员的正常工作，因为团队中许多工作光有“主角”也是完成不了任务的，还需要“配角”来支撑。

二是让关键的核心人才处于流程中心位置，并鼓励他们积极建言。把他们安排在工作流程网络的中心位置，可以很好地让他们的影响力向四周辐射，从而激活更多的团队成员；同时，他们的建言和协作行为可以极大地提升团队的协作效率，提升工作效能。如果碰到沉默寡言的“关键核心人才”，管理者就要想办法让他们融入团队，在与他人的协作中发挥榜样示范的作用，避免“不会讲话”的劣势，以实际行动和专业的技能起着示范作用以带动团队成员的工作。

三是设法遏制关键的核心人才的负面言行。当他们表现出较为严重的负面行为时，比如工作懈怠、推卸责任、工作暴力、欺诈、违反制度、高傲自大等，这种负面行为有着消极的溢出效应，会严重破坏团队的协作氛围，进而影响团队整体绩效。作为团队的管理者，应经常性告诫团队的“关键的核心人才”，让他们意识到自身的责任和影响力，鼓励他们发扬身先士卒、率先垂范的担当精神，同时提醒他们注意自己的言行，切勿传播负面的言论或做出负面的行为，以免给团队其他人造成消极的影响。

2.7 做好人才搭配，发挥人才管理的协同价值

家喻户晓的神话《西游记》中的团队就是典型的小团队，如果单看个体都存在严重的缺陷，孙悟空比较自大、骄傲、疾恶如仇、做事冲动；猪八戒懒惰无能、喜欢贪小便宜，好色偷吃；沙和尚老实本分但是过于憨厚；他们的师傅唐僧其实缺点更多，虽然仁慈为怀，却过于相信他人，并且容易被表象所蒙蔽……

但是，正是这样的团队却圆满完成了西天取经的大业。从《西游记》的故事可以看出，没有天造地设的团队，只有求同存异的团队。需要管理者通过有效的人才搭配，发挥各自所长，相互理解与包容，促进团队向共同的目标迈进。

1. 用 DISC 性格工具助力团队人才搭配

DISC 性格分析工具是由 20 世纪 20 年代美国心理学家马斯顿博士提

出，马斯顿设计了一种可测量四项重要性因子的性格测验方式，这四项因子分别为支配（Dominance）、影响（Influence）、稳健（Steadiness）与服从（Compliance），这套工具以这四项因子的英文名第一个字母命名为DISC。它是目前职场最流行与实用的性格分析工具之一。

- D支配型：外向、关注事，重视结果、目标性强，行动迅速，讲究效率，说话简要直接、不绕弯善于控制局面、控制欲强、易怒。
- I活泼型：外向、关注人，表现欲强、口才好、注重人际关系、说话语速快、肢体语言丰富、爱表现、喜欢标新立异、情绪波动大、爱好广泛。
- S稳健型：内向、关注人，依赖团队、关注别人、喜欢和谐稳定、不喜欢改变、逆来顺受，不懂得拒绝人、善于协调、有耐心、说话语速慢。
- C完美型：内向、关注事，注重细节、做事严谨、讲原则，重视逻辑、规则，高标准严要求，冷静、情绪变化不大，善于研究分析。

如果将《西游记》团队中的五个角色与DISC进行关联，唐僧属于C型（完美型），孙悟空属于D型（支配型），八戒属于I型（活泼型），沙僧属于S型（稳健型），而白龙马属于第五种性格——变色龙性格。职场中不同性格的人有着不同的特征，有的人可能具备2 ~ 3种较为明显的性格特质。同时性格并非一成不变的，随着时间的变化、职业的转换、经历的发展及习惯的改变等因素可能会使同一个人在不同的时期有着不同的性格。

实战使用技巧

技巧一：不同性格的人才放在不同的岗位。

（1）D型（悟空性格）的人：适合做开拓新市场、内部变革与发展的先锋，也比较适应做管理者。这类人的优点是有决断力、行动迅速、做事有魄力；缺点是：在决策上容易专断，听不见别人意见，做事不喜欢做计划，喜欢先做了再说，做事太快可能会有一定的风险。

（2）I型（八戒性格）的人：适合做对外公关、销售、策划及与人打交道的工作。这类人的优点是人际交往能力强，性格外向、活跃、工作氛围好；缺点是：不太注意细节、做事不能持续，有时候过于乐观，认为开心就好。

（3）S型（沙僧性格）的人：适合做行政后勤、支持性、一线技术型的工作。这类人才的优点是做事踏实、持久有耐力，性格平和容易与之相处；缺点是：缺乏进取心、比较守旧，相对来说较难接受新事物与新挑战、害怕冲突与变革。

（4）C 型（唐僧性格）的人：适合做财务、研发、质检、数据分析等严谨性的工作。这类人才的优点是做事严谨细致、有条不紊、逻辑性强，遵守规则和制度；缺点是：缺乏人情味、有时过于关注细节而显得吹毛求疵，做事犹豫而容易错失机会。

技巧二：不同性格的人才搭配使用效果更佳。

（1）互补型组合：比如 D 型（支配型）加 C 型（完美型）组合，即《亮剑》中李云龙和赵刚的组合，这类组合的团队目标性强、行动迅速、讲究效率，同时又注重细节、有明确的计划性，内外向性格优势互补。

（2）矛盾型组合：有时矛盾型组合也能发挥较好的团队作用。比如 I 型（活泼型）加 C 型（完美型），即八戒与唐僧的组合。I 型以娱乐为主、做事相对比较马虎；完美型则要求严谨，是典型的工作狂。二者可以形成有效的补充。此外，D 型（支配型）加 S 型（稳健型），即悟空与沙僧的组合。面对工作，D 型成员常常先冲在前面去做，无所谓结果；而 S 型成员则会分析事物的利弊，思前想后，追求和谐。二者也可以形成有效的补充。

很多大型企业都有着人才搭配的经典范例。华为任正非的战略思想和领导力超强，就像华为的远光灯；而孙亚芳的职业化素养高，在组织管理上细致入微，像华为的近光灯。二者相辅相成，共同推动了华为近二十年的高速发展。阿里巴巴也是如此，马云擅长描绘蓝图，激发梦想，彭蕾则擅长落地执行。彭蕾退休后，讲了一句很震撼的话："我在阿里巴巴的主要任务就是确保马云的所有决策都成为一项正确的决策。"马化腾至今还认为是腾讯最大的产品经理，但因为有刘炽平搭档战略规划和组织建设，任宇昕负责运营管理，同样构成优势互补的核心领导团队。

2. 优化团队人才结构

优化团队的结构，首先必须充分认识现有团队成员的构成，包括各成员的基本情况（年龄、学历、工作经历、性格、能力等），在此基础上进行有效优化。比如原有团队成员全是男性可以在外部招聘时考虑加入女性职员；如果团队成员普遍年龄偏大，可能会导致团队缺乏活力与创新，在外部招聘时可加强年轻人才的引进。

同时，团队结构优化更重要的是进一步在梳理员工性格、能力等基础上，对团队成员进行有效的工作微调、资源共享。

实战工具：贝尔宾团队角色

剑桥产业培训研究院前主任梅雷迪思·贝尔宾博士提出了著名的贝尔宾团队角色理论，他认为一个团队由九种角色组成，高效的团队工作有赖于默契协作。团队成员必须清楚知道其他人所扮演的角色，了解如何相互弥补不足，发挥优势。

这九种角色包括：智多星、审议员、协调者、执行者、鞭策者、外交者、完成者、凝聚者、专业师，如下图所示。

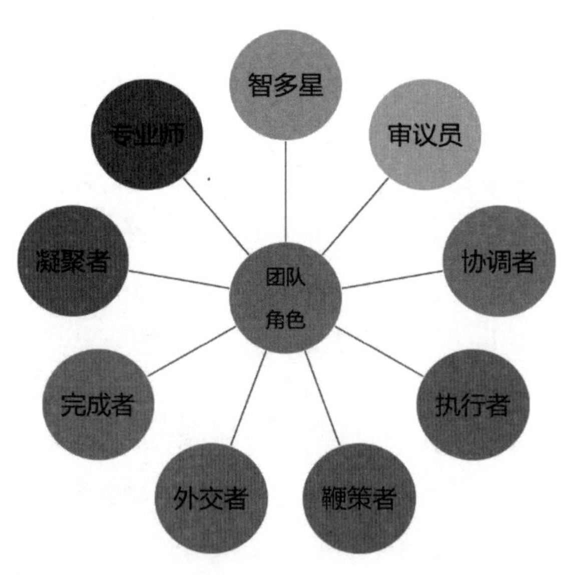

贝尔宾团队九种角色模型

每个团队成员扮演着一种或多种团队角色。例如，具有创新思维、点子多的人员符合团队智多星的角色要求；习惯于遵从与配合的人员符合执行者的角色要求；清晰理智、逻辑性强、讲究实际的人员符合审议员的角色要求……

当然有些时候，每个人具有两种或两种以上的行为特征，有可能一个人担任多种角色。管理者在团队建设中，需要求同存异，分析不同角色的优点和特殊技能，然后对此进行结构优化，最后打造出一支最优秀的团队。

第3章

发挥效能：高效协作，实现 1+1 > 2

3.1 共启愿景：团队源于共同的愿景，而非友谊

曾听过许多专家说，一个团队是否卓越，主要看它是否符合团队合作的关键定义，即团队成员是否将团队利益置于个人需求和愿望之上。但问题是管理者通常认为团队合作需要建立在友谊的基础之上。他们相信，信任、合作和分享是人与人相互喜欢的结果。不仅管理者这么认为，许多团队建设也是以此为前提训练。

这里有一点非常奇怪，因为如果我们退一步看，你会发现我们很早就学会各种竞争（同行竞争、团队竞争），竞争的意识在我们心里早已根深蒂固，同时我们倾向于对个人成就予以激励，团队合作激励则不能很好体现，而这些正是高效团队打造的壁垒。

团队成员之间相互喜欢并没有错，大多数团队建设训练也没有什么问题，但是这两者并不能保证我们打造出一支卓越的团队。同时，信任与友谊无法一蹴而就，需要慢慢培养，所以，我们会发现要让团队形成高效的整体就变得更加困难。

此外，我在多年实践总结中发现，小团队管理经常会遇到以下问题。

（1）团队内多数业务工作需要带头人来完成。

（2）人员离职频繁，招到合适的人才较为困难。

（3）花大力气去培训新员工，当他能独当一面时却选择了离职。

（4）团队内部分成员江湖气息重，不能融入团队，也不好管理。

（5）员工没有目标与动力，大多喜欢被动地等待上级安排工作。

当然，作为管理者，常常苦恼的还有：为什么别的小团队可以做大，而我们却做不大？到底如何才能打造稳定高效的团队呢？等等，诸如此类的问题。

事实上，解决这些问题时，我们通常都忽视了一个要点，那就是团队凝聚力，而凝聚力来源于愿景。没错，你的团队缺乏的是愿景，而不是单纯的彼此喜欢或是友谊，更确切一点来说，是缺乏让团队成员看到希望的愿景。

1. 给自己的团队定一个“不一样”的愿景

说到愿景，对于小团队来说要满足以下三点。

（1）愿景必须是团队成员一起希望去达成的目标。

（2）愿景必须有实现的可能，能给团队以激励。

（3）学会给自己定一个“不一样”的愿景，既要符合公司的发展要求，又要与团队每个成员息息相关，更要体现差异性。

在这里，第三点更为重要，那什么是“不一样”的愿景呢？事实上，就是你无法复制别人的第一，但是你可以做到区域内某一特色或者某一领域里的第一。例如，别人是销售第一，你可以做客户满意度第一。这点在我近两年的《差异化营销与服务课程》的授课和企业实践应用中感受尤为深刻，现在商业社会同质化越来越严重，要想异军突起、弯道超车就必须实现“不一样”。

对小团队而言，很多员工都是一些有热血有激情的年轻人，他们可能对薪资的要求并没有那么高，之所以加入你的团队是因为在你的团队里，他希望可以学习到更多的知识，可以与团队共同成长，实现自己的价值和与众不同。

2. 让团队成员知道努力的意义和目的

很多管理者经常认为，我们团队不大，不需要像大公司那样建立独特的愿景，事实上，这是错误的。许多人或许认为“愿景”只是喊喊口号。其实不然，真正想让团队做大，必须要让自己的团队成员明白，大家为什么而努力，也就是努力的意义和目的。

这个愿景必须让大家看到希望，同时还要有想象空间，这样才能激发员工的无限活力和创造力。

来看我们都非常熟悉的阿里巴巴。

1999 年 1 月，马云在杭州湖畔花园找了一群人一起创立阿里巴巴。当时他立下的愿景是：我们要办一家 B2B 的电子商务公司，目标有三个，第一，要建立一家生存 80 年的公司；第二，要建设一家为中国中小企业服务的公司；第三，要建成世界上最大的电子商务公司。他期望帮助中小企业在网络上发布讯息，促进海外交易，让天下没有难做的生意。而随着时间流逝，要做 100 年企业愿景的公司比比皆是，马云就想到了做一家 102 年的企业，因为 20 世纪活了 1 年，21 世纪活了 100 年，22 世纪再活 1 年，横跨三个世纪，这个愿景就很宏伟了，这就是阿里巴巴使命和愿景的由来。

有一个特别值得注意的地方，在阿里巴巴的合伙制度中，有两个人是永久合伙人，一个是马云，另一个则是蔡崇信，蔡崇信甚至常被人称为“马云背后的男人”。他丰富的经验让阿里巴巴迅速地进入正规化的运作轨道，蔡崇信帮助阿里巴巴确立了员工的持股制度，替阿里巴巴两次上市操刀，他也帮马云进行了一次又一次的融资，在马云迟迟找不到人融资的时候，蔡崇信总能适时发挥效果，说他是阿里巴巴最称职的 CFO 一点也不为过。

而作为 1995 年在瑞典 Investor AB 工作，年薪有 70 万美元的蔡崇信，是如何来到阿里巴巴只拿年薪 6 000 元薪水的呢？在这里，1995 年 5 月刚开始创业的马云和蔡崇信第一次见面过程就显得至关重要了。当时，他们先在西湖上划船聊天，后来马云带他去了湖畔花园看他的创业团队，蔡崇信发现马云一直都在谈论他伟大的愿景，而不是商业模式，这对一个屡战屡败的企业家来说是非常难得的，因此让蔡崇信动了想加入阿里巴巴创业的念头。

到现在，我们会发现，很多商业评论和管理学书籍中总结马云成功的秘诀，就是他了解互联网把买家和卖家结合在一起的力量，然后用愿景的力量传达到了每一个人，最终实现了他帮助中小型企业的初衷。

这个案例也说明了一点，就算你目前的团队再小，人员再少，也不能缺乏愿景，因为这是激励团队向前发展的核心动力。

3. 可实现的远大目标才能激励成员进步

团队制定目标是为了进步，但没有衡量标准就无法知道自己是否取得了进步。因此，我们必须把抽象、无法实施、不可衡量的愿景分解成为实际、可衡量的目标。

作为一个有理想、有愿景的团队，团队管理者最头疼的事情便是如何激励成员进步，形成超强凝聚力，而目标或者愿景就是最好的方法。

当然，目标设定过高会不切实际，但也不能一味降低，那会使团队失去动力，我们必须要对目标进行调节，调整得既高又切合实际。

在 20 世纪初，汽车还是一种奢侈品时，亨利·福特却大胆地提出"我们要让汽车大众化"，正是这个目标激励了他的公司员工奋力前进。

1945 年，沃尔玛创始人山姆·沃尔顿在阿肯色州创立了第一家乡村小店。当时，他手下仅有几名杂工，但是他却告诉那些人，他们的第一个目标就是在五年之内使杂货店成为阿肯色州获利最高的杂货店。在这个愿景下，他做到了。

以上案例都告诉我们，一个团队就算人再少，也不能离开远大的目标和愿景。作为小团队管理者的主要任务是设定可实行的并充满想象力的宏伟愿景，才能把团队成员凝聚起来，也只有团队成员认为这是值得的，他们才会相互支持，共同努力最终成功。同时，通过携手合作，团队成员也将取得更大的个人成就，最终形成高效协作的卓越团队。

3.2 凝聚组织：让每一个员工拥有归属感

“我的工作太琐碎了，根本没有一点价值感。”

“我的工作太普通了，毫无成就感！”

“我的工作太乏味了，不知道自己在追求什么……”

我们经常会看到或是听到一些朋友和学员发出这样的抱怨，相信对于大部分员工来说，这些话并不陌生。然而大多数领导者或管理者却又不会对此放在心上。也正因为如此，他们无法意识到这种情绪对员工的工作造成了多大的负面影响。

事实上，员工的这些话表达的是他们内心对工作的不满，而这种不满又来源于什么呢？答案是他们对工作认识得不到位。如果一个管理者不能及时纠正员工的这种负面情绪和心理的话，消极情绪一旦蔓延开来，影响会不断扩大，这对于任何一个公司、团队来说，都不是好事。

如何解决或是纠正员工的负面情绪呢？很重要的一点那就是给他归属感。在解决这个问题之前，我们要先来了解一下，到底哪些因素会影响员工产生归属感。

1. 影响员工产生归属感的因素

追根溯源，做任何事情前我们要学会理清头绪。“我不要你觉得，我要我觉得”，这句网络语恰恰就印证了员工归属感建立的关键。管理者首先要做的应当是“自圆其说”，必须要让员工明白，什么是公司的归属感。

公司归属感通常指员工在公司工作一段时间后，思想、感情、心理上对公司产生的认同感、公平感、安全感、价值感，工作使命感和成就感，这些综合的感觉最终会让员工感觉到自己是公司的一部分。

很显然，员工的归属感对公司和团队形成凝聚力非常重要。那么到底为什么身边许多人在抱怨，无法形成对公司的归属感呢？影响小团队员工归属感的因素，如下图所示。

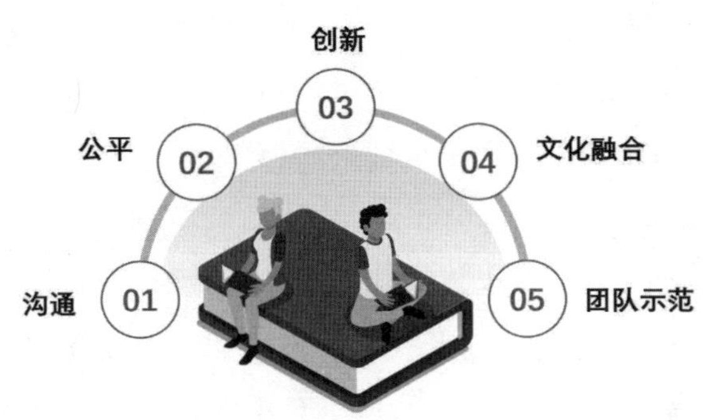

影响小团队员工归属感的因素

（1）沟通：营造良好的沟通氛围。

新行为主义学习理论的创始人、美国心理学家弗雷德里克·斯金纳曾研究过员工对公司的情感表达，对此他这样说："一个员工和公司的沟通是通过工作来实现的。当然，在这个过程中员工也表达着自己对公司的情感，就像人与人之间只有交流和谐才能进一步深入了解成为好朋友。"

因此，在团队中良好、和谐、高效的沟通氛围是提升团队成员归属感的重要因素。

（2）公平：公平的文化氛围和绩效制度。

员工公平感的强弱会直接影响到员工的工作程度，甚至是对公司的认同度和满意度。在团队中，有了公平感，才能有统一的标准和原则，大家做起事来才会公平有序。

因此，想要员工对公司和团队产生归属感，一定要给予他一个公平的文化氛围和绩效激励制度。

（3）创新：给予创新的机会和环境。

创新不仅可以激发员工内在想象力，还可以让其充分发挥自己的潜能，同时也能满足在创新之后获得的成就感，因此，公司要给予员工一个创新的机会和环境，这样不仅可能通过创新提升公司的业绩，而且在创新的实践过程中，让员工受到莫大的鼓舞与尊重。

（4）文化融合：让团队目标与员工理想价值相结合。

小团队管理者应该要特别注重把员工的理想、信念、利益、价值、需求与公司和团队的整体目标结合，产生共同的价值观，以此来实现员工的自身价值，从而增强员工对公司和团队的认同感。

（5）团队示范：做好示范和带头作用。

因为团队人数不多，所以，小团队管理者的行为对员工的影响会更大，而管理者的示范性行为会时刻影响着员工的工作积极性和对公司归属感的程度。俗话说："言传不如身教"。下属不会看你怎么说，更多会关注你怎么做。因此，团队管理者一定要做好示范和带头作用。

2. 培养员工归属感的实战方法

想要让每一个员工形成归属感，除了物质还应该有精神上的激励和促进，通过两者的结合，让员工对团队产生高度的信任和深厚的感情，从而使员工在潜意识里将自己融入团队之中去，将团队利益作为自己行事的出发点和归结点。这种归属感对增强公司和团队的凝聚力、竞争力有着很大的作用，如下图所示。

培养员工归属感的实战方法

方法一：给予员工正面认可。

认可员工非常关键。管理者对员工的正面认可，比如偶尔说句"谢谢"，这是精神层面的情感交流。从经验来看，仅凭精神层面是远远不够的，有些东西比“谢谢”更有效。例如，当团队完成一项任务时，给员工一些实质性的奖励，如奖金、物品、荣誉，以此代表团队对其卓越表现的认可，并让其他员工也看到，这种正面激励的效果会更加明显。

方法二：学会做一个良好的倾听者。

从某种意义上来讲，员工就像是你的客户，他必须也理应得到尊重。而尊重人的方式之一就是倾听，倾听员工的心声，倾听员工的需求。

作为小团队管理者，也许你没有办法为员工提供他们想要的一切，但你可以听听他们想说什么、想要什么，很多管理者为什么经常在沟通上栽跟头，特别是当涉及员工的时候，他们不懂得主动询问。作为管理者要学会主动提问与主动倾听。例如，时常以关心的语气问候你的员工：“随便说说你的想法？”“这对你来说意味着什么？”“你有什么困难需要我帮助的”。

这些问题都可以让员工更加信任你，并且打破上下级之间的隔阂，继而让员工很容易融入团队中，久而久之也会很容易形成对公司、团队的归属感。

方法三：帮助员工做职业规划。

如果你的员工没有一个明确目标，那么无论如何，他们都不可能产生工作上的成就感和归属感。因此，我们必须要帮助这些员工走出“混沌”区，帮助他们找到明确的职业目标。

微软作为一个拥有几万员工的大型跨国公司，在这方面就做得很好，他们的员工流失率始终低于 5%，这个比例是很多同行都望尘莫及的。

他们的做法是在招聘时就为员工设计了长远的职业生涯规划，明确了员工在公司可能会出现的发展机会，让员工觉得是自己在改变世界，不是纯粹为了拿薪水而工作。因此，每一个员工在工作中都会感觉自豪、信心十足，从而精神倍加愉悦，工作也更加努力。

当然，不是每个公司都能成为微软，但他们的做法是值得我们每个小团队管理者学习和借鉴的。作为小团队管理者，你必须要发自内心为员工做好职业规划引导，帮助员工在职业生涯中获得成就感，引导他们发展的方向，并且给予他们自信，鼓励他们继续前进。这样的团队凝聚力才会更强，员工也自然而然会形成归属感。

3.3 打造驱动力：用“信任”而非“KPI”驱动员工

如果想让员工把团队的工作当作自己的事情来做，就一定要平等对待他们，给他们足够的信任。如果你给员工的永远是 KPI（关键绩效指标）考核，那你只能收获 KPI 的结果；如果你给他们信任，那么你就会收获更多！

一个团队凝聚力的打造，不光依靠冰冷的数字结果，更要做好经营人心。很多公司往往喜欢玩数字游戏，对员工没有过多的关心和关怀，也没有信任可言，给他一个冰冷的 KPI 考核指标，完不成任务就惩罚，完成就获得奖励。这样的方式更像是对待机器，而不是人。

我们在小团队中，因为员工数量少，如果你每天抓住 KPI 不放，员工只会疏远你，就算最后员工给你带来了好的数字结果，但是员工与员工、员工与你之间，不会形成亲密关系，更不会形成凝聚力。这种情况在平常时期，尚可运转，一旦遇到困境，没有凝聚力的坏处就会暴露出来，团队全员上下便无法抱团渡过困境。因此，小团队必须先赢得他们的信任再追求一流的业绩，这样才能在团队中形成强大的凝聚力，最终遇到任何困难时都会迎刃而解。

1. 关注目标——明确目标，给他“松绑”和信任

开过车的朋友都会有这样的经历：如果坐在副驾驶的人总像长官一样指挥你，一会儿大叫前面有人，叫你赶快刹车，一会儿督促你变道，一会儿让你减速，一会儿让你加速……

这种情况下，相信无论副驾驶上坐的是谁，你都想冲他喊“闭嘴！”

是的，没有人愿意被当作“提线木偶”。在团队中尤其如此，如果你想让员工把工作当作自己的事情来做，就要把他当成年人对待，给他足够的信任。你需要做的是管理他的工作目标而不是工作过程。

在工作中，你不能时刻拿 KPI 来盯着员工。不要在员工做事情的过程中

去批评和指责他，除非是违背原则的问题。往往很多管理者指责员工只因为他们的做法不符合管理者做事的习惯而非原则。事实上，每个人都有自己的处理方式和做事习惯，不可能每个人都按照你的要求或者纸上的规章制度来办事。你必须要信任他，完全放手让他去按照自己的方式完成。这样他才能在这个过程中有的放矢，完全放开手脚，否则只会阻碍员工的前进，也会降低工作效率和质量。

其中一个最有效的方式就是在不违背大原则的前提下，放松缰绳，给予员工适度的自由，让他们根据自己的特长和追求去实现个人的"小目标"。

员工往往会把大目标拆成多个小目标，按照自己规定的计划来实施。这时候，管理者能做的就是放开手脚，完全信任他。员工在小目标上取得进展，不仅不会影响团队制订的大目标，反而有利于大目标的提前实现，对于整个公司也能多做一些贡献。相信员工的自我能力，适度"松绑"，也是对员工充分信赖的表现。

2. 用人不疑——让员工放开手脚，获取责任心

松下幸之助在谈论他的经营哲学时经常说，管理下属的方法最重要的就是信任他，把工作完全交给他负责。

松下幸之助曾在金泽开营业所时，就放手全权交给一个刚到公司两年的年轻人负责。当时松下幸之助给予这位年轻人的不仅是一个计划书，更有大量资金和客户渠道。这位年轻人也不负众望，在赢得了老板信任和同事的认可之后，信心大增，责任心也爆棚。令人想不到的是他在最短的时间内就把在金泽开营业所的事情操办完成，且各项工作都做得非常好。

事实上，当老板给员工完全的信任时，他得到的是兴奋、信心和责任心。这种情绪会激发他更认真、更仔细地完成任务。

同样，作为苹果的创始人乔布斯也是把信任他人做到极致的人，甚至信任员工超过信任自己。

苹果有个工程师叫比尔，有一次比尔在演示大会上演示了自己的程序设计图标，当时屏幕上瞬间覆盖了大大小小的椭圆形状，而且绘制速度非常快。

当时乔布斯不满足于这些设计，便说：“圆形和椭圆形是很好，但是你有没有考虑过带圆角的长方形？我们是不是也能做得出来？”当时比尔说：“不行，这真的很难实现，而且我们根本不需要那种东西。”当时，比尔的语气有些恼火。

乔布斯突然变得很激动，说：“带圆角的长方形哪儿都是！你看这办公室里，白板、桌子。外面更多，到处都是。比尔，我相信你可以做得到，你尽管去尝试，不用考虑太多……”

最后，比尔带着乔布斯的信任离开了。

第二天，比尔兴高采烈来到办公室，把演示稿给乔布斯和其他同事看。在屏幕上出现了漂亮的圆角长方形，而且跟绘制长方形的速度一样快得惊人。乔布斯很满意，后来他们这些图形命名为“圆角矩形”，也就是我们今天iPhone上App图标的来历。

事实上，受到信赖、得到全权处理工作的认可之后，任何一个员工都会感到无比兴奋，随后也会产生责任心而全力以赴地工作。

通常一个受老板信任、能够放手做事的人，往往都会有很强的责任心。这种时候，员工对工作的期望也会远远超过仅是满足于生存的需要，其工作内容自然转变为实现自我价值的追求。自然而然也就能取得最佳成果。

当然，对小团队管理者来说，要做到充分信任员工是很难的。这种“难”其实是作为管理者的一种思想转变，不仅要做到“用人不疑”，更要做到放手让他去做。

这些灵活多样的信任方式，不仅体现了管理者对充分依赖原则的透彻理解，也体现了管理者的才干、胆识和水平，而且还能赢得员工的信任，增加员工对管理者的崇拜及对公司和团队的向心力。

3.4　关键时刻：有效争论，激发团队活力

小团队最常出现也是小团队管理者头疼的一个现象便是争论，对于争论的处理也成了管理者在团队管理中提升团队效能的关键时刻。一共几个人的团队，成员通常都会参与一个计划或项目的讨论。在这些讨论中难免会有分

歧，此时作为管理者应该如何应对呢？一般管理者会采取下列两种方式。

（1）我是老大，我说了算。通常有这样思维的管理者，团队发展都不会太好，这样的团队往往也留不住人才。

（2）投票决定，少数服从多数。这种方式比较人性化，但有时缺乏客观，不便于正确决策。

事实上，从哲学的角度来看，争论是必然存在的，那么就应该尊重争论，而不是去扼杀。

不过，需要注意，如果管理者认为争论是为了争出一个对错，那么就大错特错了。合理的争论不仅不会造成团队分散，相反还会增加团队凝聚力。但争论不是为了证明谁对谁错，而是为了达成一个共识。

1. 让争论更有价值

在公司团队中也是如此，管理者不是全能者，团队里最优秀的人也不都是正确的，因此才需要争论。

争论的过程其实往往会产生出许多创意，是创意超出常规的过程。巴尼特认为，如果一家公司只认可循规蹈矩或者老套保险的想法，那么它就可能错失虽然不符合常规但具有潜在突破性的点子。

因此，想要获得更多超出常规的创意，团队需要争论。在争论的过程中，管理者必须要让每个团队成员都发言，尤其是那些有自己想法和独特思维的员工，不能以一个老套常规的方式扼杀这些人的潜能和创意。

当一个团队为了多种商业计划而出现争执时，同样也是一个提前发现热点的过程。没错，引发最大争议的那个计划往往是热点，也是边缘计划，一旦投入实施，很可能会改变公司和团队的命运。当然成败参半，但如果没有争论，连这一半的成功也不存在。对小团队而言，你需要这样的挑战。

例如，欧文・雅各布斯在创办移动应用芯片生产商高通公司时，团队成员对 CDMA 技术制造的芯片饱受争议。最终经过多方争论，欧文认为这可能成为一个热点，于是把这个计划当成了另一个热点计划展开争论。最终在成员的共识下，它成功了。现在 CDMA 是手机上所用的主要射频系统之一。

另外，在争论中，一旦某个员工的创意被所有成员认可，那这对他来说是一次非常重要的认可，他会信心十足，甚至还会对这个团队产生归属感，更会把工作当成自己的事业来做，以实现自身价值来引导工作。

同时，加入争论，能让员工对管理者产生好感，对团队产生信任。大家在一个畅所欲言的团队环境中工作，自然十分满意。

2. 让争论更有温度

争论在管理中并非一个绝对的贬义词，在小团队中，有争论是好的，说明这个团队有活力，也说明团队成员时刻保持着一种饱满的热情。

小团队管理者要意识到，一个争论的存在不是为了争出对与错，也不是要批评某个成员，而是要达成共识，并且要积极唤醒大家在这个过程中的态度。同时，管理者还要注意一点，在争论中要充分体现对员工的尊重，让争论更有温度。具体做法有两点。

（1）让员工各抒己见。

很多员工之所以不能发挥自己的最大潜能，是因为管理者和制度制约了他们的思维，让他无法释放自己满脑子的想法。小团队有一个好处就是没有约束，这样一来，员工就会在任何的开会、讨论中各抒己见。

员工的畅所欲言应该说对于小团队管理者来说是非常珍贵的。员工可以说出自己的想法和创意，说明他得到了尊重，得到了被尊重的权利。这就是激发团队活力，发挥效能，提升协作效率的方法。

（2）制造争论，刺激员工为公司出谋划策。

这是一种非常有意思的做法，源自 IBM 创始人沃森。沃森是一个管理天才，他相信只要尊重员工并且帮助他们尊重自己，公司就会大有前途。也许听起来有些拗口，事情的确如此。

沃森特别善于发现员工的潜力，并且善于激发他们的创造精神。他尤其善于制造争论，想方设法刺激员工在争论中为公司出谋划策。为了维护员工的工作热情，增强员工对公司团队的亲近感，他总是广开言路，广泛倾听员工的想法。

沃森甚至规定，任何员工只要觉得自己受到了压抑，或想法不一、新奇想法层出不穷，都可以直接到他办公室。甚至有些员工之间产生冲突，也会直接来到沃森办公室讨论。

沃森很享受这种管理方式，他认为这种争论的方式很奇特，可以表达出对员工的尊重，让员工主观上迸发想象和想法，这样的争论，对与错又有什么关系！

员工的自尊心得到了满足之后，也能热情饱满地投入到工作中，并且在工作中找到归属感，个人价值得到体现。试问一下，如果你身在这样的公司或团队，还会舍得离开吗？

3.5 肯定与欣赏：用欣赏的眼光发现员工的闪光点

你懂得欣赏你的员工吗？

古希腊有一句谚语："每一滴水都藏着一个太阳。"寓意是每个人都有自己的优点，都有值得他人学习的长处。

作为小团队管理者，必须要学会欣赏自己的员工，做到这一点的方法就是要用欣赏的眼光去寻找员工的闪光点，并肯定他们。

如果你呵斥员工，只会让他更加丢三落四。如果和颜悦色地指出员工的错误，也许类似错误就不会再发生。你要学会从员工的身上找到有益之处，并告诉他如何去抓住要害。懂得欣赏自己的员工，会让你心中少一些无名之火，增添一些和员工相处的和谐。

一个人的自信往往是在被赏识中建立起来的。一个人的良好习惯也是在被赏识中形成的。作为小团队管理者，只有赏识员工，员工才会发自内心尊重你。然而我们身边大多数的管理者通常受到传统公司思想的影响，看不到员工的优势，更不懂得赏识他们。那么作为小团队管理者，应该怎样用欣赏的眼光赏识员工身上的闪光点呢？

1. 真正了解你的员工

很多管理者自认为很了解手下的员工，事实上如果以一个管理者的姿态，只是坐在办公室里，那么你根本无法做到了解他们。那么应该如何了解呢？

谈话、吃饭、会议、对某件事的看法等，通过这些生活细节去了解远比坐在办公室里绞尽脑汁去思考一个员工的优缺点要来得更加精准。

这要求管理者需要多和员工一起吃饭、一起玩乐、一起沟通。尤其是随着移动互联网的发展，各种社交软件风起云涌，给人们带来欢乐的同时，也给管理者带来了了解员工的契机。例如，可以搭建一个团队群（微信群、QQ群等），在群里与成员进行互动。

有这样一个文案公司的老板，自己团队只有7个人，其中有3名是刚到公司的新人，4名是“元老”。如果是你会怎么做呢？

答案是，在4名“元老”的帮助下，老板建立了一个微信群。也许你会觉得公司建群不是很正常吗？的确是这样，但是这个群不是一般的群。

这个群毫无拘束，毫无制度。我们都知道很多公司的群都只是一个摆设，除非特别大的通知，一般人是不会在群里冒泡的。但是这个群不同，每个人都是活跃分子。

从跑步到减肥，从恐怖片到流行音乐，从火锅到旅游……这个群对每个成员来说，就是下班之后的娱乐所在。通过这个群的运营，老板在与成员打成一片的同时，了解了每个成员的特性。比如有个新员工特别喜欢参加一些文案比赛，经常在群里推送一些知名媒体举办的文案比赛，老板会把这个员工的特点记下来；还有一个员工喜欢写诗，甚至看到一朵云都会写两首打油诗，于是老板就会与这个员工聊“远方与诗”；还有一个成员热衷看美剧，希望可以提高英语口语，于是老板就会经常在群里抛出一些经典美剧段子……

通过群的信息，老板知道了每个成员的喜好、特点、优势，老板自身也学习到很多东西，同时也在与员工沟通时更有针对性。

最后他一开始担心因为公司小而离开的3名新人非但没有离开，反而在几个月之后，表达了对公司的向往。

事实证明，这些员工的内在特性，在办公室里是完全无法看到的。因此，老板想要看到员工的闪光点，首先就要通过各种方式去真切深入地了解他们。

2. 真诚地肯定和欣赏

用欣赏的眼光去寻找员工的闪光点，在这个做法中，最重要的除了发现对方的闪光点之外，还应该注重你的内在态度。作为小团队管理者不能高高在上，要真正用欣赏的热情去赏识对方，而非虚情假意地装腔作势。

事实上，你的态度如何，是否真正发自内心，被欣赏的员工在第一时间是能够真切感受得到的。

如果你是真正欣赏他的闪光点，对方会在内心有充分地被尊重感。这种被尊重感会演变成自信，进而贡献在团队中，为团队付出更大的力量。反之，如果你只是装腔作势，虚情假意地夸赞对方，对方会十分反感，甚至还会违背你的本意，给团队乃至公司带来负面的影响。

因此，管理者的态度很重要。在赞赏员工的时候，不需要用华丽的辞藻，只要发自内心，即便语言朴实平淡，也能给员工带去极大的鼓舞。

实战使用技巧：赞赏句式的“三段结构”

1. 前段：及时 + 具体 + 感受

（1）及时：称赞要及时，在发现闪光点时尽快表达肯定。

（2）具体：告诉他们对在哪里——要说得非常具体。

（3）感受：告诉他们这件事做对之后，会让你感到多么高兴，对整个团队和其他同事又会有多么大的帮助。

2. 中段：停一停

必要时保持几秒的沉默，让员工自己静静地体会做对事带来的喜悦。

3. 后段：鼓励 + 支持

（1）鼓励：鼓励他们以后继续这样做。

（2）支持：明确说明你对他们有信心，并会支持他们获得成功。

一个优秀的小团队管理者，应该犹如心灵猎手一般，在充分了解员工的基础上，抓住员工的闪光点，并且激励他、鼓励他，让他获得自信，获得能量，如此一来，你的团队力量就会从内到外得到夯实。

3.6 有效赋权：成功的委派授权，提升团队力

本章的第一节中，我们说到团队中多数业务工作都是由小团队管理者来完成，是小团队中经常遇到的问题。这个问题产生的主要原因就是管理者本身没有做到有效地授权。

美国前总统西奥多·罗斯福曾说过，最好的总裁是能够挑选最好的人做他想要做的事情，而且能够在从事过程中保持自制不干涉他们。

而真正成功的委派授权，要求管理者先权衡自己的工作，做慎重的取舍，然后把自己的一部分工作委派给团队成员完成，最终实现把时间放在更为重要任务上的目的。这样一方面，能更好地培养自己的团队；另一方面，腾出时间做更有价值的事情。在小团队管理中，做好有效授权，能带来双赢的效果，大幅提升团队战斗力。

实战自我测评

我们对于有效赋权做得怎样呢，下面让我们用一个测评工具来评价一下我们的赋权能力。（请按以下评分标准，每题 1 ～ 7 分，来自我评价一下你对应的行为表现。）

行为表现	得分
我清晰地解释授权的任务	（　　）
我避免自己动手做已经授权了的工作	（　　）

我随时准备好给予支持和反馈	(　　)
我根据他人的过往经验和任务的复杂程度决定授权后的跟进方式	(　　)
通过授权帮助我更好地管理时间	(　　)
我通过授权培养下属	(　　)

自测说明：总得分越高说明你的赋权能力更强，反之说明你要加强赋权的能力训练。

1. 影响有效赋权的障碍

由于小团队人数不多的缘故，更加要求团队内所有员工都要充分贡献自己的长处，发挥潜能。成功的领导者不仅善于充实自己，更是善于授权给下属，支持下属充分发挥潜能，创造更高的业绩。但实际上在日常工作中，我们很多团队管理者无法做到有效赋权，主要障碍有三点，如下图所示。

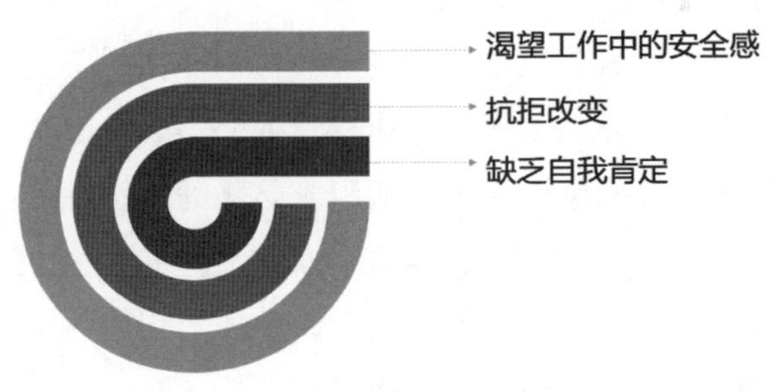

有效赋权的三大障碍

（1）渴望工作上的安全感。

在小团队管理中，阻碍管理者有效赋权的首要原因就是内心缺乏工作上的安全感。这样的管理者会担心：如果他帮助员工发展了，有一天自己就会被取代。事实上，唯一使自己不可被替代的方法，就是使自己成为可被取代的。换言之，你如果能不断授权给他人，帮助他们发挥所长，然后接替你熟悉的工作，这样你自然成为这个公司中不可缺少的可持续发展性的资产。因为你不单是个人，而是可为组织和公司带来持续性迭代的人，这就是我们说的可持续发展性资产的原因。

而这里最重要的原因就是我们内心缺乏工作上的安全感。

你可能会问，要是我通过授权给他人完成了工作，我的领导不认可我的成绩怎么办？这在短期内可能会发生。但是如果你不断通过支持员工成长以创造更高的团队业绩，你的领导模式就会得到上级领导的充分认可。这种模式我们也可以说是名利双收。如果你领导的团队不断取得成功，人们就会发现你的领导能力有多出色。

（2）抗拒改变。

本质上说，授权会带来不断地改变，因为它鼓励人们不停地成长、革新。改变是进步必须付出的代价，在不断变化的现在，这更加不是一件容易的事。

事实上大多数人都不喜欢改变。但是管理者最重要的职责是不断发展自己的团队。作为一名管理者，你必须训练自己来适应改变和渴望改变，为改变创造良好条件。高效的管理者不但愿意改变，而且他们是团队变革的推动者。

（3）缺乏自我肯定。

害羞者几乎很少能成为成功的管理者。他们往往只关注自身，担心自己的外形，别人对他们的看法，人们是否喜欢他们等。他们认为自己根本就没有权力，自然就不能授权给他人了。所以凡是优秀的管理者都非常有自信，他们相信自己的能力、自己的使命、自己的员工。正如作家巴克•罗杰斯所说：“对有自信的人来说，改变是一种契机，因为他们相信一个人可以有所不同并影响周围的环境，这些人是实干家及推动者。”他们同样也是善于授权的人。

2. 如何有效赋权

（1）责权利匹配。

管理者在授权的时间，应该注意权责对等，在下放责任的时候应相应赋予员工一定的权力。很多管理者误把“授责”当“授权”，他们认为当某件事授权给员工去负责，失败了自然是员工承担责任。至于决策权，如果下属的决策和管理者一致，听下属的；当下属和管理者不一致，听自己的。这样的情况不是真正的授权。一定要懂得授予与责任匹配的艺术。优秀的领导，授权时甚至保留一些责任，同时为重要的委派任务制订应急后备方案，也是我们可以避免意外状况出现的方法之一。

（2）用人不疑。

授权要讲究因人而异、因事而异，避免“大马拉小车”或“小马拉大车”的情况出现，一旦真正确定授权对象后管理者就要做到“用人不疑”，给予员工自己选择做事方法和路径的主动权。也就是定义了结果后，就别对员工怎么做去指手画脚。对大多数管理者来说，做到这一点却非常困难。

团队管理者需要做的是在授权之前，先考虑执行者实施中可能遇到的障碍，考虑这些障碍可能给执行者带来的挑战，在授权前评估给予执行者的必要协助。并且在过程中，支持、鼓励员工自行思考如何解决问题。支持鼓励他们面对问题自我挑战，尝试自行解决，只有当他们实在解决不了时才寻求你的帮助。这样可以锻炼和培养团队成员，同时你可以专注做自己的工作。

（3）规避系统性风险。

授权能提高管理效率，但也可能会造成风险。所以，信任必须基于强大的授权制度的保障。

首先，要选对人。信任的前提是找到值得信任的人。授权之前，管理者要知晓团队每个成员的能力、优势和劣势，然后可以找员工聊一聊：“我有个想法，你觉得怎么实现好呢？”如果员工提出了思路清晰又切实可行的想法，建议管理者再正式授权。否则选错了人，就是灾难。同时，对不同员工，应采取不同的委派授权方式，考虑不同员工其已有的相关经验和技能。这样在我们授权时就处理好这个问题，从长远来看，也会节省大量时间。

其次，明确授权。在启动时多花点时间，尽可能地澄清任务“是什么”以及“为什么”要做，解答团队成员的疑问。另外，授权的范围一定要清晰，不要向员工承诺“可以动用一切资源”。讲清楚管理者可以调动哪些资源、拥有多大的权限、获得授权的时间是多长等。

再次，承担责任。授责不授权是不对的。同样，授权不授责也是不对的。获得授权的员工必须承担与之匹配的责任。建立监督和考核机制，成功有奖赏，违规有惩罚。管理者不要轻易说“失败了算我的”，可以“一半或者大部分算你的”，但如果“都算你的”，员工容易轻视问题、忽略风险。因此，在授权时，授与控的拿捏，需要每一位小团队管理者统一平衡。

授权实战小技巧

（1）定期汇报：让团队成员定期汇报任务进展情况，可及早发现意外情况并及时纠偏。

（2）反复确认：不要假设团队成员间会相互沟通，要再三求证团队成员的沟通是否顺畅。

（3）书面分配：分析过往的沟通方式与效果，可能书面的工作分配会是更好的任务授权方式。

（4）改善沟通：员工表现欠佳时，管理者要避免严苛地指责，从学习角度与其探讨如何改善。

3.7 加速融合：多形式活动开展，让团队融合一体

有研究表明，食物是连接人与人之间关系的最好调和物。我们不难发现，无论是生活还是工作中，想要保持和维护良好的关系，最有效的方式就是吃饭、喝茶或喝咖啡。饭桌上、茶桌上、咖啡厅里永远是温暖且知心的地方。

小团队打造凝聚力，高效协作的最后一节，我们就来了解一下咖啡的力量。来看下面这个例子。

2016 年 5 月，一次商界精英座谈会上，华为创始人任正非用“一杯咖啡吸收宇宙能量”从侧面解释了华为式的“蜂巢思维”。

在任正非看来，一杯咖啡可以吸收宇宙的能量，他鼓励员工跟全球优秀的人喝咖啡。在喝咖啡的过程中，交流彼此的想法，获得更多前沿的创新想法并尽可能展开合作。

任正非口中的“喝咖啡”，意思是希望员工借咖啡这个媒介，可以吸收

外部的能量，提升组织力量和热情。当然，对小团队来说，一杯咖啡的含义更加具有实际意义，因为它是团队融合和凝聚力形成的重要方式。

1. 温情的咖啡时间

很多人可能不知道一杯咖啡如何能够提升团队的凝聚力。如果这样问你，你和你老板关系最近的时候是在哪里？可能你回答不上来。

老板关心员工本身就是一种凝聚力的构成，作为小团队管理者来说，这点尤其重要。那么如何关心呢？答案就是在“咖啡桌”（也可以是茶桌）上。

试想一下，员工在公司里工作，他们除了每天朝九晚五地上下班之外，内心有什么想法你知道吗？他们对团队有什么建议？他们对公司有期盼吗？他们有什么创意？他们内心需求是什么？

这些问题你作为团队管理者关心过吗？或许你关心过，但是你没有找到一个合适的契机询问。那现在契机来了，你只需要邀请团队成员一起喝杯咖啡或茶就可以了。

在这方面，沃尔玛创始人山姆·沃尔顿就做得很好。

沃尔玛创立之初，人员并不多，沃尔顿认为要想做大公司，必须要团结住这些骨干成员。于是沃尔顿经常邀请成员一起喝咖啡。

他会以平易近人的姿态和员工面对面坐在一起，还会亲自给员工倒咖啡。在喝咖啡时，他允许大家畅所欲言，随心所欲地发表想法。

沃尔顿一般会邀请员工前往公司附近的娱乐场所喝咖啡，因为在那里大家可以完全放松心情，还可以打打桌球、玩玩飞镖等。沃尔顿就像一个老朋友一样与团队成员吃吃喝喝、说说笑笑。正因为这种平易近人的方式，沃尔顿赢得了员工的爱戴，所以员工也敢于在沃尔顿面前大胆提出自己的想法。

在这种“咖啡”的温情时间里，沃尔玛的成员紧紧团结在一起，并且努力工作的同时和老板打成一片。这样的氛围加速了沃尔玛的成功和文化凝聚力。

可见，一个经常和员工喝咖啡或茶的管理者，必然会受到员工的爱戴，同时也一定能将员工紧密团结在自己的周围。

2. 高效的"咖啡"时间

喝咖啡或茶其实代表一种沟通方式，这种沟通方式比较平易近人，温和随意，毫无拘束，完全异于会议桌上的交流。

假如你的团队因为一个项目出现了一些小问题，你需要处理。按照一贯的做法是团队管理者在会议室召开项目会议，团队成员参加会议，然后大家开始自然而然地推卸责任。

这样的解决问题方式，未必能够让团队成员之间心服口服，也不能促进团队凝聚力的形成，甚至还会分散凝聚力。

因为小团队的人员少，所以聪明的管理者会选择一个舒适的咖啡厅或者休息室，然后邀请成员一起喝咖啡或茶。

当员工脱离了严肃刻板的会议室来到随性轻松的咖啡馆时，相信大家首先都会放下戒备，彼此之间宛如朋友一样聊聊天。

在这个过程中，管理者在聊天中说起项目问题时，大家一定会畅所欲言，而且毫无保留地说出自己的想法。同时在讨论问题时，自然也会比会议室讨论得更加深入。这不但有助于解决问题，更有助于管理者与成员、成员与成员之间的感情沟通和联络，是非常高效的一种方式。

事实上，管理者与成员一起喝杯咖啡或茶，是管理者关注员工点滴小事的表现，表达了对团队成员的尊重和关爱，让员工感到舒适的同时，更能拉近员工与公司、团队的距离。同时，还能增强公司的凝聚力，促进员工工作的积极性，进一步加速融合。

当然，喝咖啡或茶只是代表生活沟通的一种关心方式，我们这里说的是多种形式的活动开展，从一些其他细节上也可以增强加速融合和团队凝聚力。

（1）员工遇到个人问题，比如生病、家庭问题，管理者可以亲自慰问与关心。

（2）在公司准备一些生活用品，对员工表达点滴的关心和照顾。

（3）为员工组织生日庆祝会，举办节日庆祝活动。

（4）组织一些小型娱乐活动，与员工打成一片。

（5）鼓励平等沟通，适时鼓励员工的创新。

3. 营造温馨环境

无论是小公司，还是小团队因为人员少，规模小，所以也是最容易营造温馨的氛围。例如，为员工搭建娱乐休息室，在这里不仅有咖啡，还可以有其他的娱乐设施，比如桌上足球、健身设备。除此之外，还可以准备一个“小厨房”，在这里员工可以享受到咖啡、饮料和甜品等。

有如此舒适的工作环境，员工还有什么理由厌倦呢？公司的人既是同事又是伙伴，在一起工作的同时，还能传递快乐。一个高效协作的团队也就在这个过程中慢慢形成了。

第4章

团队激励：激活个体价值，实现“让他干”变为“他要干”

4.1 激励必须从了解需求开始

我每次授课中讲激励理论的时候，都会先分享一个故事。

有一对很老的夫妇，他们决定不再做任何工作而去享受生活。为了享受生活，安度晚年，他们决定选一个他们梦寐以求的地方去住。两位老人就在城市里面找，终于找到一个非常好的地方，房子很漂亮，也很安静，打开房门，外面就是社区最大的一片草地，房子的窗户面对的是社区里最漂亮的一棵大树。两位老人拿出所有储蓄，把这个房子买下来。可是等他们搬进去住的时候才发现买错了。为什么买错了呢？因为这块草地和这棵树是这个社区唯一可以让孩子们娱乐的地方，每天都有很多小朋友聚集在这里玩耍，非常嘈杂，每天都是吵吵闹闹，喧喧嚷嚷。两个人就难过了，因为他们需要一个安静的地方，显然这里不是他们想要的地方。两位老人该如何办？

有些人回答说跟小孩子一起玩，融入孩子当中去。这是一个方案，但是老人没有体力且喜欢安静。一些同学更大胆地假设把树搬走，我们知道这是公共财产，做不到。还有同学说把房子租出去，再另外找个安静的地方，这个方案对花光积蓄的他们来说应该是比较难的。更有意思的答案是养一条大狗，把小孩子吓跑，虽然这是一个方案，但显然这个方案是不会被采纳的。

我们看老人怎么做。

小孩子来了之后，他们就把房门打开走出来，对所有的小孩子说：“孩子们，你们太好了，你们给我带来了很多快乐，我必须有所表示，我决定给每人一块钱来表达我的谢意！”拿到一块钱，小孩子们很高兴，第二天就来更多的小孩。老人又走到小孩当中说：“我实在是太老了，我很想跟你们在一起，你们给我的快乐太多了，我应该有所表示，但是我的钱不多了，我只能给每人一毛钱。”这个时候昨天拿到一块钱的小孩就火了，昨天的快乐值一块钱，今天的快乐值一毛钱，这些孩子们认为不公平，决定不来了。还有一半人觉得一毛钱也不错，第三天还来。老人又走到大家面前说：“我真是太穷了，我只能给你们每人一分钱。”这一下，小孩子全都生气了，因为实在是太不公平了，快乐才值一分钱，他们都决定离开。老人的目的达到了。

这就是激励心理学，激励就是让人们自己做出选择并愿意付出。本来到这块草地来玩是这些小孩的娱乐，其实是他们自己的事情。但是老人成功地把小孩子的娱乐变成工作，因为他付费给孩子们，付费让娱乐变成工作。一旦变成工作了就会讲报酬，报酬就要讲合理性，当报酬越来越低的时候，人们会觉得不公平，就会做出选择。

把工作看成是游戏，这个时候人们就会投入和愿意付出，因为这是他喜欢的东西。

这个故事里大家还要注意一个问题，当每一次我拿这个故事来询问大家的时候，几乎所有的答案都是把树移走、搬家、养大狗。这就提醒我们，当给出这样答案的时候，说明我们还是站在自己的角度看问题。从孩子们的角度看，这三个方案都不是有利于他们的。这也是大家没有找到答案的原因。这个故事提醒大家，激励一定要站在对方角度去审视，不能从自己角度去思考。你站在对方角度去分析，你就会问：“怎么使这些孩子愿意离开呢？”只要这么想的时候，激励的方法就是对的。

人的天性是趋利避害，这也可以看作激励的两个角度，第一种激励是让员工感到更快乐，感到工作更有意义；第二种激励是让员工感到痛苦，从而让员工减少对公司不利或是无效的工作行为。

1. 人们工作的五大需求核心

要做好员工激励工作，首先要了解员工的需求。激励本质上是满足员工的需求，从而激发其持续的、更有力的行为。一般来说，人们的工作有五大需求核心，分别是：赚钱、体验、社会交往、成就感、获得社会地位，如下图所示。

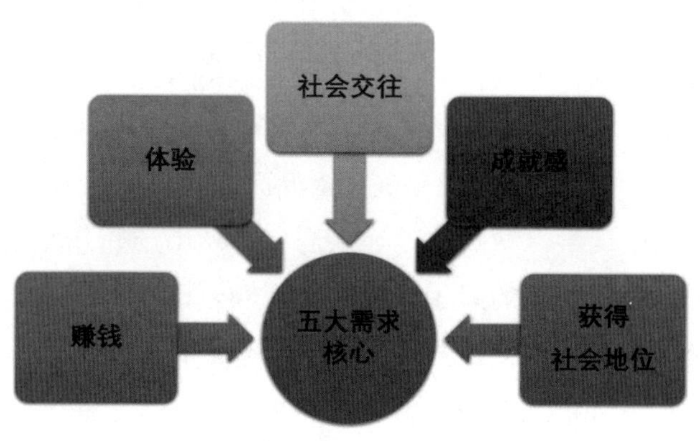

人们工作的五大需求核心

接下来，我们就结合实际的情况把人们的五大需求核心进行简单的阐述。

（1）赚钱。人工作是为了赚钱，这是一个非常明确的工作原因，也是最直接的一个原因。很多人忽略了对于这个根本性问题的认识，总是觉得并不是所有人都是为了钱去工作的。现实当中的确也存在这样的现象，一些人并不是为了钱工作，但是从普遍的意义上看，赚钱的确是大多数人工作的原因，所以才会有员工因为薪酬低，就出现离职的现象。

（2）体验。人生其实是一个过程，工作能带给人们美好的回忆。当一个人在从事自己喜欢的工作时，那是一种非常幸福的事情。同时人是需要消耗能量的，这是人的生理需求，而工作正是消耗能量的最好方式。

（3）社会交往。工作可以帮助人们在社会中生活，不再孤独，可以通过职业，与他人进行交流。人喜好群居，天性中就需要交流和沟通，如果仅仅是血缘的关系，我们可以交往的范围有限，但是对于大众而言，似乎彼此之间又太疏远，所以职业所形成的人际交往应该是人际关系中最为普遍和有效的交往交系。人们通过职业，接触社会，拥有信息。小企业在人力成本中的支付要高一些，就是因为小企业的人际关系窄，而大企业因为有着广泛的社会交往平台，从而对于人力资源更具吸引力。

（4）成就感。只有工作才会真正获得成就感，帮助一个人，实现一个目标，完成一个作品等，这些都可以给人以成就感。工作和成就感之间是互为主体的，因为工作会获得成就，因为成就会让工作具有价值。成就感是无法在自己的行为中获得，一定是在工作成果中体现。

（5）获得社会地位。人的社会地位是在工作中获得，只有被社会认可的人，才会获得社会地位。这也是马斯洛需求理论中的“自我价值”实现环节，人活着的最高目标是实现自己的愿望，获得社会尊重。

2. 需求不满足的十种行为表现

在小团队管理中，我们要关注员工在为了满足自己的需求，达成工作目标而下决心全力以赴的时候，总会遇到一些障碍。而在它们阻碍员工满足需求、达成目标的努力时，人们大都想除掉和克服这些障碍。事实上，排除阻碍向前迈进的态度，对员工的自我启发和解决问题是非常重要的。

然而，当这种努力的效果不佳，消除障碍变得越来越困难的时候，他们就会变得焦虑。接着，就会受感情支配，采取失去冷静的行为。而这些就是我们在做团队管理中须要尤其关注的，同时及早发现问题并做出相应的调整。

具体因为需求不满而出现的行为表现为几个方面。

（1）找借口辩解，使其合理化。

不责备自己，反而对别人数落不停。

把责任推给别人，认为自己的失败是别人的错误。

不服输，不承认自己有错。

把一切工作上的困难加以夸张，事先就准备好借口，不落实工作。

（2）逃避。

自闭。请假，不说话，不与别人交往、把自己闷在家里。

逃向疾病。头痛、胃痛或其他病症出现。

逃向幻想。幻想脱离现实的事情。

逃避现实。做事情毫无计划且冲动；故意吵闹个不停。

（3）攻击。

消极的攻击行为。很少回答别人的问话；老是装着不高兴的样子；偷懒；只做上级所交代的事；提前准备下班；毫无意义地晃来晃去；经常离开工作岗位；很难缠；不求别人协助；不合作；显出不好亲近的态度。

积极的攻击行为。喜欢顶嘴；喜欢找别人的缺点或说坏话；指责别人；贬低别人；讽刺别人；在背后批评别人；造谣；故意为难别人；发言具有反抗性；以器物威胁做粗暴动作；乱发脾气。

（4）替代行为。任意改变当初的目标，而以容易实现的目标替代。

（5）升华。把精神投注于嗜好、艺术、运动或自己感兴趣且有意义的事情。

（6）同化。把别人的成就当作自己的成功。

（7）形式化。表面做好，就认为工作已完成。

（8）放弃。放弃需求，失去自信心，对别人赞赏和责备毫无感觉。

（9）退化。虽然是成人，但装出一副小孩子要赖的样子或不正常的哭泣动作；过去能做的事，现在已办不到；遇到问题，失去冷静且不知所措。

（10）固执。明知道不行，仍然重复同一错误；虽然知道自己没道理，但还是反复说个不停。

3. 面对需求不满者的“应对七法”

基于我们对需求和需求不满表现的了解，小团队管理者应该首先做到积极地引导和协助，使员工脱离需求不满导致不愉快的心理状态，让他们恢复过去积极的工作态度，如下图所示。

需求应对七色花

（1）倾听。要倾听员工需求不满的心声。安慰并激励陷入需求不满的员工，同时与员工一起去探究需求不满的原因。我们会发现，有时候只要管理者能听员工说话，需求不满的现象就可以及时消除。

（2）消除。消除需求不满等不愉快的心理紧张状态，指导和协助员工采取对其本人及对周围的人无害处的发泄方法。

（3）调整。协助员工改变对需求不满原因的看法。例如，告诉他们所不知道的事情。

（4）心态。指导和协助员工改变能承受需求不满的心理状态，并让他们有积极求上进的自觉性。

（5）行动。积极努力向前，和员工一起思考，如何解决问题和采取达成目标的适当行为，并协助他们做出最佳选择。

（6）能力。一起探讨有关自我启发意愿特征的课题，并努力培养员工具有弹性的思考能力和“自力解决”的态度。

（7）成就。交给员工自己可以完成的工作任务，让他们自己解决，使其感受到工作的喜悦感。此时，小团队管理者不给予直接协助，仅从旁鼓励，表示信任和期待。

4.2 去权威化：让每个员工像管理者一样去思考

权威是任何组织和社会的制度安排、组织运行、人际关系、资源分配当中存在的普遍现象。柏拉图是最早提出“权威”概念的人，他认为权威就是对意志的服从关系，而马克斯·韦伯是第一个论述工业时代有关领导权威思想的学者，他们的领导权威观点反映并指导了工业时代组织管理的组织秩序和稳定性。然而，在一个新时代技术背景下，要打破工业时代组织管理的组织秩序和稳定性，“去权威化”是其中一个选择，也是一个不得不面对的现实。当然，这在人数不多的小团队管理中，经常出现的“一人做主”的情况，也是对应的。

网上流传一个联想集团 90 后员工反对柳传志让他们做“发动机”的小故事。

2014 年联想建立 30 周年的时候，柳传志先生写了一篇文章用以分享联想的发动机文化，意思是公司应该想方设法让员工成为创造性的执行者甚至是战略制定的参与者。结果，一个 90 后的年轻人写了一篇文章，标题赫然是《致联想柳爷爷，听不懂您在说什么》，文章中说道：“在柳爷爷门前弄个斧，跟您聊聊什么叫数字化生存：不管老大们怎么变，我们只要把 U 盘换成移动硬盘，再不行升级成云盘就全部搞定。但是，您老可千万别让我们当什么发动机。”

员工公开“挑战”企业大佬和老板权威的做法与故事，在传统领导范式框架下属于逆天的做法。在互联网时代和新生代员工当中，去中心、自媒体和去权威化，却是一种新常态。根据“信息即权力”原则，当 A 握有信息时，就可以让不知此信息的 B 去做一些事情。而当信息开放后，即 A 知，B 知时，A 也就不具有权力了。互联网时代遵守的一条原则就是：“信息即权力”，在数据媒体多元化、数据信息爆炸、数据传输速度飞快的时代，更多人获得信息对称后，权力也就慢慢弱化了。因此，华为才改变组织模式，让掌握真实信息和有责任感的一线人员，拥有充分的自主决策权和行动权，让“听得见炮声的人”调动组织资源，以实现组织目标。

在这里，我们提出“去权威化”，换句话说，就是谁专业，谁具有领导权威；谁承担明确的责任，谁具有领导权威。做到这一点，小团队管理者本身需要具有“去权威化”的领导作为。

（1）小团队管理者应该放弃工业时代权威化领导的旧观念，以尊重专业性与责任的个人形象出现。

（2）赞赏勇于担当的员工，鼓励员工像管理者一样对事情有深刻认识，允许员工根据自己的意愿去做事。

（3）小团队管理者要学会成为被管理者，让自己适合在不同的团队组织中胜任新的角色。

张瑞敏在《致创客的一封信》中，开篇这样写道：“人类社会的每一次繁荣进步都离不开科技的突破，但人类文明的每一次飞跃发展更离不开思想的解放。当互联网带来指数科技的繁荣，我们又一次站在了时代的风口，就在大工业发展把每一个个体变成机器部件的最危急关头，时代列车转入一个新的轨道，‘零距离’‘去中心化’‘分布式’的互联网思维把我们带进一个充满生机和挑战的人人时代，一个人人创客的时代。”这段话也更进一步地说明了在今天，在我们小团队管理中，我们的管理者需要不断调整自己，通过“去权威化 ”的方法来激励团队内每一个人，让每一个个体价值都能释放出来，才可以推动组织的发展，顺应这个时代的变化。

4.3 合理设计：有惊喜、有挑战，才是好的激励

很多人认为涨工资一定会带来满足感，从而获得更高的工作绩效，取得更好的激励效果，但是赫茨伯格的双因素理论给我们相反的结论。赫茨伯格最大的贡献就是：把提供给人们的工作条件细分为激励因素和保健因素。在现在激励中，管理者往往认为给员工的所有工作条件都是激励因素，但是事

实并不是这样，工资、工作岗位、福利、奖金、晋升、尊重等所发挥的作用并不一样，而且在使用的过程中，如果没用好，反而会起到反效果。

比如过去很多公司每年中秋都发月饼，发起来很麻烦，员工又不爱吃。后来有的公司选择发月饼券，但还是麻烦。既然都不吃，那今后就不发了吧。

没想到，老板一说不发，公司上上下下都反对，员工情绪波动很大。老板很困惑：都说没用、不吃、浪费，怎么一说不发，他们反应这么大呢？

是“损失规避”的心理在作祟吗？有一部分，但更重要的原因是，员工把中秋节发月饼这项福利当成自己应得的。什么是“应得的”？就是“你给我，我不会感激；你不给我，我骂死你”。

一个人认为自己应得的东西，在赫茨伯格的“双因素理论”中被称为“保健因素”。如果一个人得到一样东西，他喜出望外，说“太好了”，那这才叫作“激励因素”。

1. 如何设计有效的激励

（1）要懂得区分保健因素和激励因素。

比如矿泉水，办公室有随时可供饮用的矿泉水，员工不会觉得：“哇，这真是一家好公司！”但如果没有，员工会说：“什么？连矿泉水都没有，这是家什么破公司啊！”

除了矿泉水，保健因素通常还包括环境、福利、公平、工资等。工资为什么是保健因素？因为在员工心里，那是应得的。

激励因素是什么呢？工作带来的表现机会、喜悦和成就感、职务上的责任感及对未来的期望都属于激励因素。比如，微软告诉员工：“几十亿人在用我们的软件，你改变了人类的生活。”再比如，提拔、任命团队骨干员工担任管理职责的职务或作为团队项目负责人，让他承担更大的责任，助力其成为独当一面、前途无量的人。

除此之外，与工资相对应，奖金却是一个重要的激励因素。凭借良好的工作业绩而得到奖金，会让员工非常喜悦。所以工资和奖金的搭配，是最基本的激励手段。

有人认为，用钱激励员工很低级，要用使命感激励。但是美国通用电气的 CEO 杰克·韦尔奇说：在想到激励员工的时候，首先还是应该考虑金钱激励，那些轻视金钱作用的想法是愚蠢的。

（2）如果使用保健因素，就要绝大部分人得到。

只有大部分人获得，才会让不满的人减少。所以，需要涨工资就要使多数员工获得机会，否则涨工资的结果就是，得到的员工没有满足感，只是降低了不满，得不到的员工就会非常不满。

（3）多研究激励因素，永远不要忽略人性。

保健因素需要被满足，但真正激励员工的是激励因素。小团队管理者应该怎么做？关键还是要让员工有惊喜的感觉。你有没有发现，很多管理方法都是心理学家提出来的？作为小团队管理者，必须要对人的心理，或者说对人性这个东西，多琢磨、多研究。

人对于意外、偶然、不可预测的激励往往更容易有惊喜，或者我们说叫“意外的幸福感”。

哈佛商学院的马尔霍特拉教授提出了一个新奇的方法：雇用新员工不久后，突然给他加薪。教授做了一个实验，以不同时薪雇用了三组员工。第一组，时薪 3 美元；第二组，时薪 4 美元；第三组，试用前期，时薪 3 美元，试用后期，临近入职，突然提高到时薪 4 美元。结果显示第三组明显更努力，产出也比前两组多 20%，因为他们对这次意外涨薪心存感激，并渴望报答。

心理上的落差会影响激励的心态和效果。就像我们这章开篇讲的老人与小孩的故事，其实就在说明这个原理。当老人把报酬降低的时候，引起了所有小孩的不满。这个道理放在实践中就是，工资只能涨不能降，尤其是福利。福利是保健因素，所以在福利设计和调整的时候，一定要非常谨慎，哪怕是几元钱的午餐补助，都不要随意取消，只要取消就会形成不满，影响大局。

（4）如果使用激励因素，就要确保获得激励因素的员工是很少的一部分人。

理由大家也知道，如果激励因素是多数人获得，激励因素就降为保健因素。这也就是中国最近十年来，奖金不好发的原因。改革开放初期，奖金是很好发的，因为在那之前我们从来没有奖金，突然间有奖金，对很多人有很强的激励作用。后来奖金变成所有人都得有，好像不发奖金就不对。当奖金让所有人都有的时候，就变成保健因素，不会再有激励作用，只是降低不满足感而已，没有起到真正的激励效果。激励因素除了有少数人得到以外，还有一点很重要，激励因素必须是可以变动的，不能固定，一旦固定下来又要变为保健因素了。

2. 关注激励不发挥作用的时候

通常的情况下，激励总是会发挥作用的，但是在某些情况下，不管我们采用哪种激励措施，都无法达到效果。了解掌握这些情况，可以让我们更好地了解激励的作用，同时能够针对问题做出相应的选择和调整。如下图所示的情况，激励便无法发挥作用。

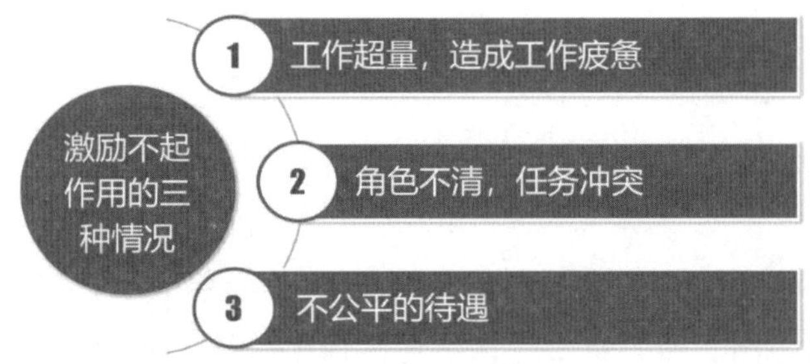

激励不起作用的三种情况

（1）工作超量，造成工作疲惫。

当一个人工作能力很强的时候，往往承担非常重的工作量，当然也会相应获得高的肯定。但是当工作量达到引发疲惫的时候，结果就会导致这个人离开这项工作，虽然这是他喜欢并出色胜任的工作。这时候，疲劳已经不是激励可以解决的，应该做出调整。

（2）角色不清，任务冲突。

工作的分工对于每一个人是至关重要的，我们经常说小团队里人数不多，可能要身兼多职，但是没有明确分工，人们就无法体现出自己的工作成效，也无法发挥作用。所以对于每一个人来说，清晰的职责和分工，是他们获得工作绩效的前提。然而，我们也常常发现，无法获得清晰分工的现象依然存在，甚至角色不清，他们并不知道工作的标准是什么，更不知道应该如何做才能取得公司的肯定和认可。他们承担着多种任务、多种角色，甚至很多任务和角色之间是冲突的。在这种情况下，无论使用何种激励措施，都无法获得工作绩效。

（3）不公平的待遇。

当人们觉得被不公平对待的时候，任何激励措施都是无效的。公平对于每一个员工来说都是非常重要，因为在人们的心目中，只有公平存在，所有的考核和奖励才会真正有效，如果公平本身已经不存在了，那么考核和奖励徒具形式，无任何实质意义。因此，只要人们认为不公平，激励就不会有效果。

综上所述，只要不满来自疲惫、角色不清、任务冲突和不公平的待遇，就不要从激励角度再去努力，因为不管怎么花钱，怎么承诺都是没有用的。可能人们会暂时接受管理者所做出的激励安排，但是这并没有解决根本的问题。所以在以上三种情况下，我建议不要再动用激励措施，而是切实地改变人们所处的工作状态，合理的工作量设计、清晰的职责、明确的任务以及公平的待遇，只有切实解决这些问题，人们才会安心工作，在此基础上，增加激励措施，就会获得高的工作绩效。

4.4 危机营造：我们离破产永远只有 18 个月

比尔·盖茨曾说过一句话：“我们离破产永远只有 18 个月。”李嘉诚曾称自己 90% 的时候都在考虑失败；任正非经常说华为的破产一定会到来……

事实上，这些聪明的企业家都有一个共同的特点，就是居安思危，未雨绸缪。

危机感能让人永远保持不懈努力，让团队永远保持在竞争力的浪尖上。

小公司也是一样，小团队更应该有危机感，而且这种危机感必须是人人都要有。只有拥有危机感，你的团队才能保持长久的活力和战斗力，只有这样员工才不会在工作中懈怠。

事实上，危机感是一种心理状态，它的存在不一定是事实。聪明睿智的管理者往往会善于在逆境下勇敢面对危机感，又善于在顺境中保持忧患意识，使自己能够坚持不懈地努力。所谓居安思危、未雨绸缪、有备无患，就是这个道理。

譬如，李嘉诚经常说："在风和日丽的时候，假设你驾驶着以风推动的远洋船，在离开港口时，你要先想到万一十号风球，你怎么应付？虽然天气蛮好，但你还是要估计，若有台风来袭，在风暴还没有离开之前，你怎么办？我会不停研究每个项目要面对可能发生的坏情况下出现的问题，所以往往花90%时间考虑失败。"

企业家都这样说，作为一个小团队管理者的你还有什么理由不抱有危机感呢？

1. 树立团队危机意识

想象一下，一个小团队，处于充满安逸的氛围下，员工工作散漫，老板做事更是慢条斯理，这样的公司能持续多久？为了能够激发团队的战斗力，小团队可以实行一个做法：把"破产"当作标语，让这种危机感时刻充斥在每个员工内心。

李彦宏曾对员工说："别看我们现在是第一，如果你30天停止工作，这个公司就完了。百度离破产只有30天。大家之所以看好搜索市场，就是因为它的成长速度非常快。成长也是变化的一种，如果不能及时把握市场需求的变化，就会被淘汰。如果我们做得不够好，就有可能陷入很被动的地步。"

小团队的管理者可以试着拟一句标语，当作团队奋进和工作松懈的警钟。事实上，当员工每天上班，看到这种警钟时，会由衷产生一种莫名的紧张感。时间久了之后，这种危机感会如同烙印一样深深印在心上，时刻激励员工奋斗。

2. 引入竞争机制

一个公司在发展过程中，不但要规避市场的风险，更要规避来自人性中的风险。如果一个团队没有外界的压力，很少有人能够持续让自己处在一个不断发挥潜力的状态之中。因此，小团队管理者为了调动员工的积极性，激励团队，可以引入竞争机制，让员工时刻绷紧神经。

比较有效的一个做法就是“鲇鱼效应”。在这一点上，日本本田宗一郎做出了典范。

本田宗一郎早期为了打破自己销售团队的沉闷气氛，准备重整销售团队面貌，于是引进了一条“鲇鱼”——高薪挖来了同行的销售精英武太郎。

武太郎来到本田之后，立刻就对销售部门实施了改革，完善了行销法则，同时对原来的市场进行逐一分类研究，制订了新市场的开拓计划，并且制订了明确的奖惩制度。

一段时间之后，武太郎凭借着这种严厉的制度和自身惊人的工作热情，感染了团队成员。员工的热情和积极性也被进一步激发出来，整个团队活力大增。公司销售状况也出现了大的转机，销售额直线上升。

这就是“鲇鱼效应”带来的效果。小团队管理者一样可以运用“鲇鱼效应”来激发员工的活力。当然对于极小的公司或团队来说，管理者本人就可以变身为一条“鲇鱼”，用自己的实际行动和员工竞赛，激发员工的活力，同时提升团队的战斗力和凝聚力。

3. 加入末位淘汰制

想要提高公司的活力和战斗力，需要遵循“适者生存、不适者被淘汰”的原则。在一些大公司往往会选择末位淘汰制，以不断刷新员工的工作能力。这样不但可以减轻公司的负担，还可以让留下来的员工有一种危机感，时刻激励自己不断进步。

正如杰克·韦尔奇所说：“任何人的行为能力都是淘汰出来的。”作为小团队管理者，你的任务不是把最差的员工发展成为表现不错的员工，而是要把表现不错的员工发展为最好的员工。

试想一下，当你的团队成员都是能力出色的员工时，他们的工作状态一定是热情澎湃的，无论是讨论工作，还是出谋划策，他们会非常积极。如此，也就达到了激活团队的目的。

4.5 多元形式：激励也可以低成本、效果好

激励需要成本，这个是肯定的。无论是员工晋升、奖励还是福利等，都需要花费成本。基于小团队的成本费用控制非常重要，这就要求在运用激励措施的时候，更需要关注到成本，寻求成本低、效果好的措施。做到既让员工满意，又成本低，这才是好的激励方法，如下图所示。

低成本也效果好的四种激励措施

1. 得到掌声就是得到肯定

在所有的激励措施中，鼓掌是一个花费很少却效果极佳的选择。掌声并不需要花什么钱，但是重要性和可见度都很高。得到掌声就是得到肯定，这对每个人都很重要。但就是鼓掌这样简单的措施，并不是所有人都会运用，

更多的管理者甚至不知道鼓掌应该是多少次。我曾经问这个问题无数次：“鼓掌，需要拍多少次？”绝大部分的回答是“三四次”。其实只要我们自己鼓掌来测试一下，就会发现三四次是没有感觉的，时间太短，无法感动听者。所以鼓掌要超过九次，只有超过九次的掌声，听者才会感受到，同时被感动。了解到大家对他的肯定和赞赏，他才会因此获得激励并更加努力地工作。因此，只要我们用掌声来激励，就要长时间、热烈地鼓掌，必要的时候还需要起立，站立起来长时间地鼓掌，这样的激励是非常令人振奋的，可以给人非常明确的肯定和赞赏。

2. 管理者及时当众的赞美

赞美是无须金钱、激励程度高的措施。曾经有人做过调查，结论是当领导能够给下属直接的赞美时，激励效果非常好。日常的管理经验也告诉大家，当众表扬是非常有效的奖励。大多人认为最有效的激励是针对工作上的表现，管理者亲自并立即给予表扬。美国的格兰德 • 格雷厄姆博士主持过一个调查，结论是最有效的激励技巧包括如下方面。

- 员工表现杰出时，领导亲自道贺。
- 领导亲自写信表扬好员工。
- 以工作的表现作为升迁的基础。
- 管理者公开表扬优秀员工。
- 管理者召开会议公开奖励部门或个人表现优良者。

但是上述有效的激励措施，日常管理中却并不常见，管理者总是采用奖金的方式，在年底做表彰，不习惯在日常行为中，运用激励措施。有些时候，一句赞美和肯定的话，所带来的激励效果是不可估量的，这件事情就发生在我自己身上。在我讲师生涯的第一堂课上，我遇到了一群非常好的学员。那是一个为期三天，每周一天的课程，在第二周授课时，我按照习惯提前 15 分钟到会场，一进门我就愣住了，因为在会场的白板上整整齐齐地写了一句话：“老师，这个周五课程结束的时候，我们盼着下一个周五的到来。”就是这样一句话，令我感慨无比，我也因此知道，做一个令学员喜欢的讲师，是我人生最重要的价值，也因为这句话，我一直很努力地做一个令学员喜欢的讲师，直至多年后的今天。

3. 鲜花带来的象征意义

鲜花是相对花钱比较少、激励效果明显的第三个措施。因为鲜花在人的生活中有着非常多的象征意义，可见度也很高，管理者需要学会运用这个激励措施。我就是常常被学员们的鲜花感动，在教师节的时候，在课程结束的时候，在 TTT 培训学员毕业的时候，每一束鲜花都让我不断地感受到做讲师的幸福，也不断地感受到学员给予的肯定和期望，也不断地自我激励，不要辜负这些鲜花、这些期望。

4. 特殊时刻的隆重仪式

隆重的仪式相对来说需要花费成本多一些，但是隆重并不是豪华，而是要用心赋予仪式一些价值。日常生活中会有很多特殊的时刻，如果我们能够利用好，并给予隆重的仪式，带来的激励效果显而易见。

我曾经参加过一家公司的新员工入职，很多公司都是给予新员工培训，了解公司的情况。但是这家公司在新员工入职的安排上用了一个非常不同的仪式，就是为每一个员工发一个刻有公司和员工名字的杯子，这个杯子由老员工一对一地交给新员工。两年后，我又一次和这些曾经的新员工见面，他们都告诉我，入职的一个杯子让他们印象非常深刻，在那一刻他们知道自己是公司的一员，而且非常珍惜这个杯子。

但是无论如何，激励都是需要成本的，因此需要管理者有效地运用激励措施。激励作为最重要的技能，需要每一个管理者真正掌握并有效运用。激励一定要针对人性，激励一定要符合时代的潮流，一定要了解到每一个时代人们的需求特征的不同。比如，20 世纪 80 年代之前我们可以评选“先进工作者”，2005 年之后评选的就是“超级员工”，到了 2009 年后评选的就是“快乐员工”。

激励还需要个性化和制度化的配合，如果激励完全是制度化的，那么激励很容易变成保健因素，更糟糕是制度化会减弱激励的效果。比如很多公司给每个月过生日的员工购买蛋糕一起过生日，但是第一年之后，如果还是用同样的方式做第二年的安排，所有的员工就不会有新鲜感，生日的安排就没有激励作用。因此，在激励中需要个性化和制度化的结合，充分发挥管理者自己的想象力，给员工一些惊喜，就会得到很好的激励效果。

4.6 创新定位：构建新的管理者角色

彼得·德鲁克先生说过：“无人能够左右变化，唯有走在变化之前。在动荡不定的时候，变化就是准则。但是只有将领导变革视为己任的组织，才能生存下来。”

在面对这样一个巨变时代下的经营环境，小团队管理者必须做出打破思维、打破常规、破除利益阻隔、破除组织刚性的自我超越的变革选择。在一个需要向自己挑战、不断变革自己的时代，发挥更加重要的引领作用。这个时期的小团队管理者，不仅要担当责任，驱动变革，更重要的是给成员以信心，即便在黑暗之中，也能指明前进的方向。所以需要小团队管理者以创新的定位角色出现，如下图所示。

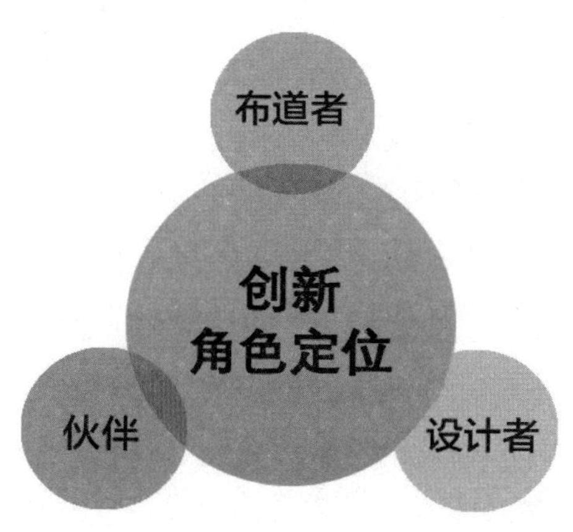

小团队管理者的三种创新角色定位

1. 布道者——用“布道”驱动成长和团队进步

布道本指宣传基督教的教义，布道者就是布道的人。美国政治活动家和政治学家亨利·艾尔弗雷德·基辛格曾说过：“领袖的任务就是带领人们从所在之处到达他们从未到达之处。他做了一个远大的决策，树立了一个宏大的愿景，他还要把他的决策和愿景一一分享给他人，让他人了解到他所做的事业有多么伟大。因此，他选择了一条捷径，那就是通过‘布道’和分享去教育他们。”可见，管理者在经营和管理活动中，通过布道，有效传播思想的火种、变革的“基因”，吸引成员的心理能量，对于组织的成功、变革的成功多么重要。

目前我们处于一个巨变的时代，所有成员无论是个体行为，还是团体行为都需要适应环境变化而做出调整，管理者所做的就是要让员工的行为与组织目标、组织系统和企业文化有效结合，让员工在企业中发挥能动作用，实现组织的战略目标。管理者“布道”就是向员工传递组织所面临的紧迫性、必要性，同时培养员工自我超越的理念，激发员工自我改变的积极性和主动性。通过“布道”，在每个员工的心中播种自我超越的“种子”，影响员工的思想意识、价值观念，才能维持企业在一个巨变环境下所需要的向心力。

处于这个巨变时代的管理者必须具有通过“布道”激励追随者和下属的领袖魅力，确切地说，管理者通过“布道”使下属“自动自发”地产生改变自己、改变社群、改变组织、改变社区的强烈动机和积极行动。

在这样一个多元文价值观下，对与错在很多时候比较模糊，甚至是不确定的，确实需要一个具有非权力影响力的“布道者”来告诉员工什么是对的、什么是错的。尤其值得指出，在这种理念和价值观处在变化的情形下，更需要通过一种能让大多数成员信服、认同的精神理念来组织成员的共同精神体系，同时管理者需要通过这种过程来激活组织的凝聚力。

华为的任正非与阿里巴巴的马云在这一点上尤为突出，他们都有着极强的“布道者”特征。华为17万人能够达成“力出一孔，利出一孔”的功效，源于任正非不断诠释华为“奋斗者”的内涵，不断强化内部“危机意识”，不断要求华为管理者“自我批判”，以及时刻保持高密度的沟通，采用公开信、讲话以及年度致辞等一系列措施。每一次任正非的讲话，都会引发巨大的反响，每一次任正非的观点，都可以引发组织内成员，甚至组织外成员的反思和共鸣。甚至华为的广告，也是任正非“布道”的最佳渠道，无论是“芭蕾脚”“布鞋院士”还是“瓦格尼亚人捕鱼”“上帝粒子”广告，都给人以明确的华为价值观传递，这几则广告一经推出，都引发巨大的共鸣，这就是华为的魅力。在华为内部，17万员工实际上都深深受到了任正非的影响。

还有苹果创始人乔布斯、沃尔玛创始人山姆·沃尔顿、福特汽车创始人亨利·福特等，这些优秀领导者所带领的企业，都因领导者的“布道”而不断地驱动自我成长，并推动社会进步。而作为小团队管理者，除了需要不断自身变革，打破惯性和常规之外，还需要根据经营环境的各种变化向员工和客户传递变革思想，并且这种“布道变革”本身就成为管理者工作的一部分，也因此更好地帮助团队达成了上下同欲的目标。

2. 设计者——用“设计”赋予团队“梦想”的力量

选择“设计者”这个词来诠释小团队管理者的新角色，是因为现今的管理者不仅要有战略洞察力、理解消费者与人性需求的能力，而且要能够把这一切转化为商业模式、产品以及组织制度。因此，作为“设计者”的管理者，需要设计商业模式、产品、组织制度。换句话说，“设计”这个词，不仅包括产品，可能还包括整个公司或团队的价值理念。它包括团队所能够提供体验的各个方面，无论是有形的还是无形的。

一些优秀的企业用心去“设计”自己的商业模式，用心去设计自己的产品，并让顾客真正体验到。这些企业的管理者，拥有明确的价值观念，与顾客真正在一起，并通过商业模式或者产品让顾客感知到或者触摸到。想到这里，其实你可以罗列出一大串令你动心的企业名单，而同样的，一些产品与企业因为没有“设计”导向而变得索然无味。比如隆吉诺蒂·布伊托尼区别了“普通产品”和“梦想产品”，结论如下表所示。

普通产品	梦想产品
麦斯威尔咖啡	星巴克
BVD	维多利亚的秘密
现代汽车	法拉利
铃木摩托车	哈雷摩托车

每一对产品中的前一个都没有做错什么，都满足了顾客的需求，但是后者更具有梦想般的力量，这使它远远超越了仅仅满足某种需求的程度，从而具有了独特的魅力。一家拥有“设计”产品的公司，可以说是用“梦想”驱动人们的公司。

在把“设计”导向深入到组织制度方面，华为是一个典型的例子。任正非对组织力量的深刻理解，与其军队经历相关。个人能力突显各异的团队往往会负于个人能力平平但整体能力突显的团队，这一点令任正非在处理利益的问题上有着宽广的心胸。一方是董事，一方是员工，在一致对外开拓时，大多数员工都是积极的，但在事关利益时，大多数员工会选择利益，那么对董事来说，如何使组织产生最大的力量，让大多数员工选择华为利益就是重要核心。华为的核心竞争力来源于组织和个人核心竞争力，任正非将华为员工个人的核心能力与组织的核心能力聚合，形成强大的冲击力。

基于华为的经验，我们会发现对于小团队而言要想获得组织未来的胜利保障需要包括三个要素。

（1）要形成一个坚强、有力的管理团队，虽然小团队人少，依然要有由小团队管理者和核心骨干员工组成的核心管理团队，同时这个核心团队要听得进批评。

（2）要有严格、有序的制度和规则，这个制度和规则是进取的。什么叫规则？就是确定性，以确定性应对不确定性，用规则约束发展的边界。

（3）要把团队建设成一个勤劳、勇敢的奋斗群体，这个群体的特征要善于学习。

“设计”导向，让一家公司的商业模式和产品具有了“梦想”的力量，让一家公司的制度安排具有了“梦想”的力量，这一切就是小团队管理者需要履行的责任。

3. 伙伴——用“伙伴”创造开放、平等的共享价值平台

今天的管理是一种基于共享价值为基础的新范式。这种新范式指具有系统思考的管理者，依赖于激发个体内在价值，而不是沿用至今的组织价值来考虑整体以及个体的行为。在这种新范式中，有关个体价值的创造会成为核心。如何设立并创造共享价值的平台，让组织拥有开放的属性，能为个体营造创新氛围，则成为小团队管理的基本命题。新范式的挑战在于管理者与组织成员之间的关系改变了，要在管理者与管理者、管理者与员工、员工与员工之间建立和保持一种可信任、可亲近、可包容、坦率而不伤及员工内心的工作关系，彼此成为伙伴式甚至好友式的同事关系。这意味着管理者的领导方式需要做出改变，员工要能够与管理者平等对话；在员工专业领域内，管理者要能够成为被管理者，成为团队成员之一。这就需要管理者抱有关爱之心、包容、亲和力以及甘愿成为被管理者，如下图所示。

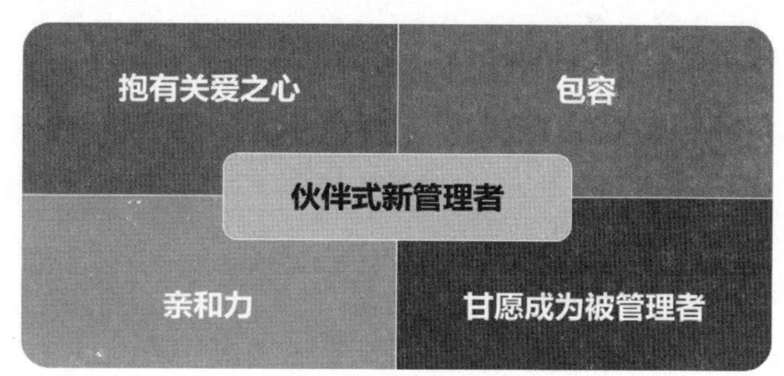

伙伴式新管理者的基本要素

（1）拥有关爱之心。

领导者的优秀资质是什么呢？我认为可以归纳为以下五点：第一，具备使命感。第二，明确地描述并实现目标。第三，挑战新事物。第四，获取众人的信任和尊敬。第五，抱有关爱之心。

稻盛和夫认为：领导者必须发挥出强有力的领导作用，而在他心底，又

必须怀有亲切的“关爱之心”。领导者必须有一颗对别人充满关爱的、善良之心。稻盛和夫用了一句极为特别的话表达他对这项领导资质的看法，他说：真正的领导者应该是“以爱为根基的反映民意的独裁者”。

作为伙伴式的小团队管理者，需要有更大的担当、包容度以及热情，需要为所有人负责，因为用爱作为行动依据，才可以保证团队可持续并有效地发展。

同时管理者绝不能只考虑自己，要有利他之心，真正具有为大家谋幸福的初心，能够引领大家进步与成长；管理者能够与员工一起创造价值并分享价值，让员工可以分享到团队的成长。因为管理者的利他之心，使员工更真切地感受到被关爱的幸福，从而更努力地履行自己的职责。拥有关爱员工之心的管理者，一定是一个明确指引价值判断的管理者，不会容忍员工有贪图轻松安逸的倾向，也不会一味迁就下属的意见，相反他会用纪律来约束员工的行为，用公司价值观引领员工的行为。这样的关爱，才是真正的关爱，才可以推动员工进步与成长。正如稻盛和夫所说的那样：“为了实现目标，必须发挥强有力的领导作用”。但仅仅这样做还不够，管理者应该抱有一颗温暖的关爱之心，要了解团队人员的想法，努力将他们的力量凝聚到同一个方向上来。

（2）包容——灰度管理。

在华为的管理体系里，有一个著名的“灰度管理”理念。任正非之所以提出管理者要学会“灰度管理”，是因为他感觉到华为需要具有包容的管理理念，需要由授权的习惯来解决问题，更需要通过建立彼此的信任来构建合作。任正非在 2015 年市场工作会议上的讲话中谈道：“我们在吸引社会高端人才的同时，更要关注干部、专家的内生成长，不要看这个不顺眼，看那个不顺眼，对做出贡献的员工，放手让他们发挥作用，试试看。我们要能接受有缺陷的完美。没有缺陷，是假的。”

任正非对华为员工诠释过他所提出的“灰度管理”。他说：“坚定不移的正确方向来自灰度、妥协与宽容。一个清晰的方向，是在混沌中产生的，是从灰色中脱颖而出的；方向是随时间与空间而变的，它常常又会变得不清晰，并不是非白即黑、非此即彼。合理地掌握合适的灰度，是使各种影响发展的要素，在一段时间和谐。这种和谐的过程叫妥协，这些和谐的结果叫灰度。”

当然，即使现在我们的小团队没有用“灰度管理”的理念，但是只要在组织内形成包容、开放的心态，组织就会有活力，就会有与变化和不确定性相处的能力，同时也会给员工提供一个宽松的成长环境，让员工能够不断尝试和创新。

（3）亲和力。

小团队的人数不多，所以在新型的管理者定位中，小团队管理者需要更具亲和力，这样才能更好地凝聚和激活团队成员。

（4）成为被管理者。

在组织内建立伙伴关系，需要小团队管理者做出表率，其中最核心的要求是，管理者如何成为团队的一员，如何在组织中成为一名被管理者。其实，每个人学会“接受”这也是心性成长很重要的一部分。我们每个人，包括管理者都会有自己的局限性，如何认知这一点并接受，的确是一个非常重要的训练。特别是在技术急剧变化、环境急剧变化的情形下，新东西层出不穷，个体的局限性会表现得更明显，更需要我们认知自己的局限性。

在一个以“万物互联”和“数字”为特征的时代，企业的价值不是由企业创造的，而是由许多人一起创造的，包括员工、顾客、股东以及相关产业链与价值共同体上的所有人。所以，小团队管理者应该聚合组织内外部所有的资源、能力，集合大家一起来创造价值。

第5章

有效沟通：让沟通成为目标达成的利器

5.1 有效聆听：管理者会听比会说更有效

有效沟通不仅需要把话说出去，更在于双方良性的互动。良好的沟通除了表达之外，还有一个关键词是“聆听”。在沟通的时候，只有会听，才能更准确地把握对方的意图，更好地促使对方继续下去，最终达到充分交流，解决问题的目的。

古希腊哲学家奇伦曾告诫人们：“不要让你的舌头超越你的思想。”苏格拉底也说：“大自然赋予我们人类一张嘴，两只耳朵，也就是让我们多听少说。”所以，作为团队管理者，一定要牢记很多时候，“听”比“说”更重要。

1. 有效聆听的关键与细节

一句话在不同的语气语调、不同的场景、不同的顺序表达出来的意思截然不同。同样，一句话不同的人说出来的感觉也不一样。所以，聆听是一门学问，只有用心、用情去体会对方说的话，才能真正感受到对方要表达的意图。

有效聆听要讲究方法与技巧，它的核心是：寻找关键信息和形成良好的互动基础。

首先，通过下属的语气语调、表情神态、情绪表露等细节，管理者可寻找下属想要表达的真正含义，具体包括四个方面，如下图所示。

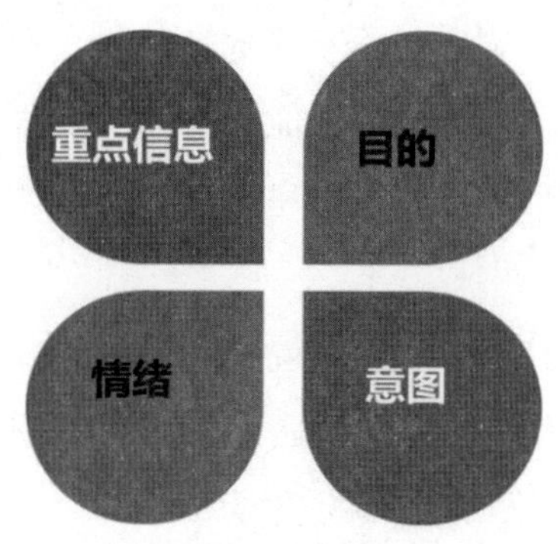

聆听中寻找信息的四个关键

（1）重点信息：下属想表达的关键信息有几条？分别是什么？这些信息的背景是什么？

（2）目的：下属为什么要说这件事？他的动机和目的是什么？

（3）意图：下属的意图是什么？想要我为他做什么？

（4）情绪：下属在表达时情绪怎样？为什么会有这样的情绪？

其次，有效聆听是形成良好互动的基础，它能促进沟通双方的理解与共情共创，要做到这一点，管理者在聆听的态度和习惯上要完成有意识的转变。为此，管理者应做好以下这些事项。

（1）沟通时目光接触，以真诚、信任、鼓励、期待、理解的眼神注视员工。

（2）点头微笑、及时表示赞许。

（3）要适当地进行回应，表明自己在认真听，并不断思考。

（4）不要有分心的举动或手势，比如翻看资料、转笔、看手机、看时间或者东张西望，更不要抱臂、跷二郎腿，显示出高高在上的领导姿态。

（5）要有耐心，不要随意插话打断对方。

（6）在没有完全理解对方意思之前，不要妄加评价或争论。

（7）对重要的话进行复述，也就是用自己的话重新讲述对方的说话内容。

2. 用心倾听，建立员工的情感账户

善于倾听是一个优秀管理者的必备素质，在一些企业里，有很多员工愿

意为他们的领导赴汤蹈火。因为员工感觉，他们的领导愿意跟他们在一起，尊重并信任他们，随时随地认真倾听他们的意见，并真心为他们着想。通过认真倾听的方式，管理者和员工之间建立起情感账户，并且存入了数额不菲的信赖“资金”。

俗话说：“士为知己者死，女为悦己者容”。用心倾听，体现管理者对员工的尊重与真诚。与一个良好的倾听者在一起，你会说很多话，因为他有办法让你倾吐心声，这样便能大幅提升谈话效率，利于团队整体的管理工作顺利进行。

古代贤明的领导者，大多从善如流。刘邦与项羽是楚汉争霸的两位主角，刘邦自知才疏学浅，文不如张良，武不如韩信，安抚百姓、筹集粮草又不如萧何，可他却善于采纳他人的建议，身边的能人都可以充分发挥作用。刘邦自知实力不够，资源不好，特别善于倾听别人的劝告，正是因为这一点，这个原来一文不名的“沛县混混”成了汉朝开国皇帝，名垂青史。

反观项羽，范增可以说是项羽身边唯一的能人，但是项羽很执拗，并不听取他的意见，因此才落得失败的下场。

如果汉朝太久远了，那我们来看一个近代企业的故事，让我们充分了解“有效倾听”在管理中的作用。

霍桑工厂是美国西方电器公司的一个分厂，位于芝加哥市郊外，主要生产电话交换机。霍桑工厂的医院制度、娱乐设施和养老金制度等都比较完善，但是，很多工人仍然很不满意，工作积极性很低，导致工厂的生产状况越来越差。

为了找出原因，1924 年 11 月，美国国家研究委员会组织了由心理学等多方面专家参加的研究小组，在这个工厂开展一系列试验研究。研究小组先后进行了四个实验：照明实验、福利实验、访谈实验和群体实验。

在这一系列试验研究中，研究小组发现，照明实验、福利实验、群体实验对生产效率的提高都不明显，而访谈实验则效果很好。

这个访谈实验是这样做的：用两年多的时间，专家们找员工个别谈话两万多人次，规定在谈话过程中，要耐心倾听员工对厂商的各种意见和不满，并做详细记录；对员工的不满意见不准反驳和训斥。

最后，这个实验收到了意想不到的结果：霍桑工厂的产量大幅度提高。

为什么会这样呢？原来这是由于员工长期以来对工厂的各种管理制度和方法有诸多不满，但无处发泄，而访谈实验使他们这些不满都发泄出来，他们从而感到心情舒畅，干劲儿倍增。

这就是心理学上非常有名的“霍桑效应”。这个效应给予管理者这样的启示：懂得适时倾听的人要比只会夸夸其谈的人更受欢迎，用心倾听是建立员工情感账户的有效手段。

5.2 别只顾讲大道理，有效果比有道理更重要

1. 不要给员工讲大道理，没人听

与员工沟通，不要动不动就讲大道理，大道理谁都懂，但在实际工作中，有道理不如有效果。比如告诫员工“好好工作”“要对企业忠诚”“对待客户要像上帝一样”，与其这样说，不如以身作则给下属看，让下属从你的实际行动中看到榜样的力量。

网络上曾经流行这样一句话：“我上班就是为了赚钱，不要跟我谈什么理想，我的理想就是不上班。”这句话虽然是网友用来调侃工作的，但这也是大多数员工的心声。

面对讲大道理的领导，新生代员工都会心烦，虽然表面上不一定能表现出来，但心里必然会不屑。长此以往，便让管理者与员工之间形成隔阂。

在团队管理中，有些领导就爱讲大道理，结果员工却这样说：“领导经常给我讲道理，好像他知道的东西多，我们就是不懂事的孩子，特别让人讨厌。”

其实，员工需要的是实实在在的东西，而不是空泛的大道理。

2. 措辞上小改变，团队大改变

在沟通中，措辞非常重要，也许一个小小的变化，就能起到良好的效果。

同一件事，采用不同的措辞就会有不同的结果。

有一个教徒在祈祷时来了烟瘾，他问在场的神父："祈祷的时候，可不可以吸烟？"

神父回答说："这是对神的不尊敬，不行！"

另一教徒也想吸烟，他问在场的神父："吸烟的时候，可不可以祈祷？"

神父回答："这是时刻不忘祈祷，可以。"

这就是语言的艺术。不同措辞获得不同的沟通结果。在家庭沟通中，艺术性的沟通措辞会带来家庭和谐，温暖有情。在团队沟通中，艺术性的沟通措辞，会促进团队和谐，工作顺畅。

在团队沟通中，要做到艺术性地表达，管理者应做好如下几点。

（1）不要打官腔。小团队中就那么几个人，作为管理者要平和待人，不要老觉得自己高高在上，摆领导架子。

（2）多用"我们"少用"我"。在与员工的交流中，多用"我们"让大家觉得整个团队是在一个战壕，是共同努力的伙伴，一起前进的同事。而"我"则显得比较自我，把领导与员工分开，无形中拉开了距离。

（3）多用"各位有什么好的建议"代替"必须按我说的这样去做"。在团队日常工作中，多与大家商量，少直接性给答案，因为直接给答案不仅让下属停止了思考，更让下属推卸了责任。

（4）多鼓励，少批评。在与员工沟通的过程中，鼓励的语言往往比批评的语言更有效果，更能轻松地解决问题。特别是一些新加入团队的成员，更要多鼓励与支持。

3. 打破尴尬，团队沟通的方式有多种

沟通的本质是信息的交换，在一定时间内信息交流得越充分，沟通的效率越高。所以，在日常团队沟通中，管理者要通过各种形式和下属之间保持持续的信息互通。

团队沟通可包括正式沟通和非正式沟通。正式沟通包括工作例会、专题会议、办公室一对一交流、邮件沟通、电话沟通等。这种形式是必不可少的，

但显得庄严，缺少人情味。我们讲究“情理法”的逻辑，也就是说沟通时要有人情味和接地气，尤其小团队沟通更是如此。所以，非正式沟通有时更能发挥好的沟通效果。

非正式沟通包括举办公司集体活动时沟通、用餐时间沟通、利用微信或互联网软件沟通、闲暇聚会沟通、上下班途中沟通、日常碰面时简短沟通等方式。非正式沟通让员工感受到轻松愉悦，能体现出平等与尊重。

某生产车间基层主管王小琴连续五年被评为优秀班长，不仅工作业绩突出，更是把所在班级下属十多名男职工管理得服服帖帖，在大家的好奇追问下，她道出了管理的秘诀：了解人，才能管好人；用心沟通才能凝聚团队。

第一，工作中她做事细心，很多事情考虑得比员工要周全细致，且专业技术过硬，让下属心服口服。

第二，善于沟通，无论是工作还是生活方面，她主动帮助下属，下属跟她沟通起来很顺畅。

第三，在班级中自设“小金库”，员工迟到、犯小错要向团队乐捐，以表示改过之心；并且这些费用取之于民，用之于民，她用这些小费用+自己所贴部分费用经常组织大家聚餐或进行休闲活动。在这些活动中是观察人、了解人的绝好机会，比如组织大家玩扑克牌这样的小型娱乐活动，从牌品就能看出一个人的人品。

可见，团队沟通的方式有多种，不一定要在办公室自己坐着，让下属站着那样跟你沟通，让下属感受有种罚站的感觉。作为公司的新生代员工，他们可能更喜欢轻松、愉悦的沟通环境。

4. 先处理情绪，再处理事情

情商高的沟通者懂得一个黄金法则，那就是先处理心理再处理事情。《关键对话》一书中说到这样一个事实：人的大脑与手机一样有双核，一个负责处理谈话的内容，一个负责处理谈话的氛围，往往处理沟通氛围比处理沟通内容更重要。据脑科学研究表明，我们的大脑不只“一个大脑”，而是一个古老的“情绪脑”上面覆盖着一个“理智脑”。大脑的运作机理是这样的，当“情绪脑”一旦被激活，“理智脑”便开始失灵，所以当我们有情绪的时候便无法好好思考。这也是我们常说的“气晕了头”，情绪一上来，智商就变低。

所以，要想做到有效沟通，必须先处理心理再处理事情。相对于沟通的内容而言，人们更在乎沟通时对方的态度及立场。

我曾到某公司去做《管理者有效沟通技巧》的培训，课程结束后，与公司老板做了一个简短的交流，这位老板是一位女性，她讲道自己的一个困惑：其实自己的心地挺善良的，对员工也不错。就是脾气不好，跟管理层开会只要自己认为是对的，就一定会坚持，结果经常是开会搞得像吵架一样，导致管理层离职率高，她问我有没有什么办法可以改变自己。

我给了她三点小建议：一、当遇到发脾气的时候，先学会处理自己的情绪，先冷静30秒后再做决策；实在忍不住，可以建议休会，待自己冷静后再继续开会。二、学会修心，定时让自己静下来进行反思。三、学会授权，不要事事躬亲，要给管理层发挥的空间。

后来听说这位女老板发生了很大的改观，从以前的事事不相信下属到基本能做到日常非重要工作尽量不插手，放权让分管领导去管。同时，也能做到有效听取管理层的意见。

5.3 向上沟通：获得更多的支持和资源

做好与上级的沟通能帮助管理者有效获得领导的信任，以获取更多的资源支持，从而更好地完成团队目标。但与上级的相处与沟通不仅是一门技巧，更是一门艺术。处理得好，就有可能让你得到领导的重视，甚至获得晋升；处理不好，就可能导致领导视你为眼中钉，而将你打入“冷宫”。

1. 摆正心态，把上级看成你的盟友

作为小团队管理者，我们首先要摆正心态，不要把上级看成监视员，应把上级当成盟友，善于向上借力、借势、借资源。如果你不懂得处理好和上

级之间的关系，就难以从上级那里获得支持和资源，你必将举步维艰，甚至前途堪忧。

我们可以与上级结成三种盟友关系，分别是：工作之盟、事业之盟和资源之盟，如下图所示。

把上级当成三种盟友

（1）工作之盟：向上争取更多的资源与支持。

一般来讲，之所以能成为你的上级，他肯定有过人之处，他的经验、权威、管理水平自然要比你高。尤其作为新晋升的基层小团队管理者一定要虚心向上级请教，善于向上借势、借力、借资源。有时自己搞不定的事情，或许上级一个电话就能帮你解决。

若能够与上级相处好，当工作中遇到困难时，便能更好地获得上级的资源支持与有效建议，他也愿意主动来帮助你。

李明是一名刚上任的主管。上任之初，他虽然身先士卒，凡事以身作则，但发现团队员工似乎不买他的账；更有甚者，他去其他团队做工作协调沟通，发现别的团队主管也不买他的账。为此他十分苦恼，不知道如何推进管理工作。为了赶紧解决这一问题，他不得不请教他的上级。

上级了解具体问题之后，跟他说："你作为刚从技术岗位转向管理岗位的一名基层管理人员，年纪又轻，尚未在团队中树立权威；同时，你做事讲话性子急，不太注意方式，这样做容易得罪人。"

李明的上级凭借对李明的了解，很快就明确了问题出在哪里，并提供了针对性的建议。同时，上级主动帮助李明开始在团队中慢慢树立威信，教导他如何从技术岗位角色向管理角色转变，应该提升哪些管理技巧。

由此可见，作为团队管理者，上级是你的绝佳盟友，不仅能给你资源支持和有效建议，更能帮助你发现问题，解决问题。

（2）事业之盟：上级能支持你的职业成长。

把上级当成工作之盟能帮助你快速获得资源支持，以达成目标。把上级当成事业之盟，能让上级帮助你加速个人的成长，完成有效的职业生涯规划，可以让自己在事业上更上一层楼。

千里马常有，而伯乐不常有。一个人要想获得成功，不仅要靠自己的努力，更要靠贵人相助。在职场中，有本事的能人很多，而为什么大部分人的才能没有充分发挥，关键在于你没有得到上级的充分认可与欣赏，缺乏施展才华的平台。

因此，你要跟上级保持良好的关系，平时多与上级沟通，让上级了解你的职业规划以及对未来理想的设想。上级会结合你当下的实际情况和你的未来规划，帮助你制订一个更适合你的成长计划，以助力你实现自己的职业梦想。

（3）资源之盟：善用上级的资源，完成目标。

作为上级，他的位置与经历决定他的资源肯定比你要多。善于利于上级的资源，包括人际关系，能够有效帮助我们达成目标。

曹先生在某集团公司担任常务副总的秘书，他有着高学历，高情商。在此之前，这位常务副总的秘书已经换了好几个，主要原因是这位常务副总脾气大，在他手下工作事情多压力又大，且前面的几任秘书认为天天干着一些无聊的行政事务工作，没有出息。

曹先生却不这么认为，经过一段时间的相处，他发现这位常务副总虽然脾气大，但对事不对人，并且这位副总的工作能力与人际关系超强，跟着他学习比其他岗位进步要快得多。

就这样，曹先生给这位“难搞”的常务副总做了3年多的秘书，凭借着他的高情商与勤奋工作的态度，总能把手上的事情做到尽量完美，尤其与公司其他部门的领导相处得比较熟，工作上也得到各部门领导的认同。

后来集团公司缺少一个办公室副主任的岗位，大家一致推荐曹先生，原因是大家认为曹先生工作能力强，在这个岗位能实现人尽其才。

2. 把握方法，向上沟通要有效

向上沟通包括向上汇报、反馈、请求支持、建议等形式。积极的汇报可以让上级及时了解你的工作进度；请求支持是为了获取更多的资源；有效建议是帮助上级提升的有效手段。

向上沟通一般应遵循以下几个原则：尊重上级，及时汇报；有胆有识，真诚沟通；说有价值的话；表达期望，请求支持；站在上级的角度思考，如下图所示。

与上级有效沟通的原则

（1）尊重上级，及时汇报。

尊重是沟通的第一原则，也是赢得上级好感的有效法宝，因为每个人都渴望被人尊重、被人欣赏。同时，作为下属你要建立主动、及时向上汇报的意识，不要认为向上汇报是无能的表现。实际上，及时、有效地向上汇报与反馈是建立高品质沟通的保障。一般来说，遇到以下几种情况，我们要主动向上汇报。

- 根据任务的执行计划，设定固定的时间节点，按时向上汇报。
- 在任务执行过程中，遇到棘手的问题或挑战时，应及时向上汇报，以请求上级支持或请求上级调整工作计划。

- 上级主动想了解的关键节点或具体细节时，应主动向上汇报，好让上级放心。

（2）有胆有识，真诚沟通。

许多员工存在一个现象：害怕与上级沟通，生怕说错话，或者怕给上级添麻烦。其实这样会让你丧失很多机会，也容易让沟通工作出现滞后性。须知，向上沟通是帮助我们完成工作目标的有效方法，能争取到上级更多的支持与资源。只要你沟通的出发点是为了公司，你的沟通方式是真诚的，你可以大胆地向上级表达你的想法。

（3）说有价值的话。

向上沟通的主要目的是让上级准确了解你的想法，以获得更多的资源支持。在你与上级沟通时，应清晰明了表达你的想法，不要让上级猜你的想法，更不要说太多的废话。

工作中，经常遇到这样一类人，平时闲聊时讲起来头头是道，可一旦到会上公开发言，却总是说不到重点。如果像这样，在你与上级沟通时当成闲聊，上级便不能准确知道你想要的帮助与资源请求。

（4）表达期望，请求支持。

在向上沟通时，应主动表达你的期望，一来可以让上级了解你的真实想法，以提供有效的资源支持；二来可以让你与上级尽量达成共识。当你的期望与上级的要求出现偏差时，上级会主动提出来，以减少未来工作中的偏差。

（5）站在上级角度思考。

向上沟通应学会站在上级的角度思考，包括了解上级的性格与喜好，在向上沟通时用怎样的方式表达更有利于上级接受。要思考上级的工作权限范围与工作难处。

比如，某基层主管对上级说：“领导，你赶紧想办法跟老板提给我们团队成员加工资的事宜，不然我们团队完成不了任务，我就不管了。”这语气就带有明显的挑衅与甩锅倾向，只是站在自己的立场讲话，没有从上级的角度考虑。

5.4 向下沟通：实现业绩达成与员工成长双目标

管理者的主要工作有两件，一是带领团队实现工作目标；二是支持员工成长。而沟通是促进这两件工作达成的有力法宝：团队目标的达成离不开有效沟通，支持员工成长更离不开有效沟通。

1. 布置任务应清晰明了并要求下属确认

布置任务、下达指令是向下沟通的常见形式。在向下属布置任务时，必须明确工作的要求，不要让下属干着活还要猜测上司的心思，这样太累。给下属布置任务时，作为上司，必须清楚地阐述工作任务：需要下属完成什么任务？任务完成的标准是什么？哪些是完成工作的关键环节？

同时，沟通是一个双向的过程，在布置任务时，应要求下属及时确认。如果单凭上司的发号施令布置工作是不妥的，因为，这样一方面容易导致理解误差，在没有听到下属反馈情况下，上司误以为下属听懂了，其实上下级之间的理解是有偏差的。二是下属不能发表自己的意见，从而丧失责任意识与主动意识，反正按上级说的去做，做错了由上级负责。

要求下属及时确认，一方面看下属是否理解你的指令，另一方面可以有效倾听下属的建议，集合下属的智慧，调动下属的积极性。

2. 不搞“一言堂”，能听取不同员工的意见

不让员工发表意见是一个很严峻的问题，一方面说明团队的管理者专权霸道，另一方面员工习惯性服从，不敢发表自己的意见，缺乏主动性与创造性。这样的团队是没有创新力与活力的。

俗话说：“三个臭皮匠，抵过一个诸葛亮”。每个人都有自己的盲点，管理者在团队中大搞“一言堂”大大抑制了员工的创造性和积极性，由于团队成员都不发表意见，那么就会将很多问题隐藏起来，久而久之团队就会出现大问题。

奇虎 360 公司董事长周鸿祎曾说：“一个孤胆英雄，一个人独揽大局，

就算他再强，但总是‘一言堂’，一个人的决策难免有失偏颇，这种团队也很难成功。就像一部电影，其他人都是跑龙套的，也没有好的导演编剧来配合，就一个明星，那么他浑身是铁也打不出几根钉子，肯定拍不出好电影。”

所以，要想带好团队，就必须杜绝“一言堂”，那些优秀的团队一定是广开言路，集思广益，充分发挥每一个员工的积极性。

要在小团队内避免“一言堂”，管理者需要从以下三个方面去着手。

（1）不要轻视每个员工的潜能。每个员工都有巨大的潜力，只要做好引导和开发，一定会爆发出强大的力量。所以，要信任员工，尊重员工的意见。也许一个员工的意见不是很完美，但许多个员工的意见综合起来，一定会相互补充，成为一个最佳方案。

（2）鼓励员工多发表意见，给员工创造发表意见的机会和环境。比如，在例会中鼓励每位员工发言；设立“员工意见箱”，定期收集员工的意见，对于意见被采纳且产生效益的员工提供一定的奖励；即使员工说错了，也要包容，须知好的思想一定是碰撞出来的。

（3）给予员工一定的自主选择权。在工作中若能给员工一定的自主权，能大大增强员工工作的主动性，员工便会主动地去思考，主动向上级提出自己的建议。

3. 关心员工的成长与发展

向下沟通除了正式的工作沟通外，还应包括关心员工、支持员工成长等。从某种程度上来说，员工的成长和发展好坏决定了团队能不能走得更高、更远。如果员工在团队中得不到成长，可能导致员工的消极抱怨情绪，甚至导致离职，那么这个团队的整体水平就一直提升不上去。俗话说：“一个好汉三个帮，一个篱笆三个桩。”管理的过程其实是一个借力的过程，管理者往往要依靠团队成员来完成目标。如果员工的水平得不到提升，团队的业绩也很难提升。

在小团队管理中，要做好关心团队员工的成长与发展，应做好三件事，如下图所示。

用情留住员工

用心倾听员工

用力培育员工

关心员工成长与发展三件事

（1）用情留住员工。

如今由于员工就业的选择性增多，导致企业员工的离职率提升，员工在工作中只要干得不开心就可以悄然地选择离开。小团队不能动不动给员工加薪，用情感留人是最实惠、最有效的留人方式。每个管理者都应该知道，只有长期留住人才，使队伍保持稳定，企业发展才有保障。作为有血有肉的人，情感需求是本性使然，在情感上的需求，远远大于金钱和物质上的需求。

在义乌这个小商品制造基地，企业雇佣的绝大部分都是外地员工。因此，员工干了一年就辞职回家的现象非常普遍，为了留住这些外来员工，义乌的制造企业已经连续多年雇用豪华大巴送员工回家过年。节后，又用豪华大巴把这些老员工接回厂里上班。

此外，企业还负责给员工包车、订车票、安排年夜饭等，一些企业在职工公寓设有多套家属探亲房，把不回老家的员工们远在家乡的父母和孩子接来过年。如此做法，不仅让父母感受子女们的工作和生活，还为他们解决了探亲住宿这个大难题。

根据盖洛普对工作满意度的调查发现，在最重要的 12 个满意条件中，有一项是员工说：“我同事中有我最好的朋友。”随着工作时间的增长，公司中的朋友会越来越多，同时与管理者之间的感情也会越来越深，管理者可以通过私下沟通，多关心员工，从而增进与彼此间的友谊。因此，要留住员工，就要在乎员工的真实感受，做到体贴周到。

（2）用心倾听员工。

用心倾听，一方面让员工感受到尊重，另一方面有利于了解员工的想法与现实状况，从而可以更全面地帮助员工。俗话说："士为知己者死，女为悦己者容。"一旦员工把你当成知己、朋友，他便忠心于你，急你所急，想你所想。

（3）用力培育员工。

培育员工，帮助员工成长是管理者不可推辞的责任。首先，作为管理者要深入了解员工的成长和发展需求，以针对性提供资源和帮助。其次，要帮助员工制订完善的职业发展规划；再次，管理者应让员工走出安逸区，给他们安排具有挑战性的任务和目标，以刻意训练员工的能力。

5.5 化解冲突：有效化解团队冲突，减少团队内耗

只有打造和谐、无缝对接的高效团队，才能创造一流的团队绩效。往往许多团队创造不了业绩，不是员工的能力不行，而是团队的工作氛围与沟通文化差，导致内耗严重，相互推诿。

1. 团队冲突影响团队共识

有人的地方就一定会发生冲突，在企业中，管理者会遇到很多团队内部的冲突，而这些冲突有些是良性的，有些是恶性的，甚至是破坏性。良性的冲突有利于团队内部成员之间的竞争，恶性冲突严重影响团队共识的达成，甚至造成团队内部坍塌。

团队冲突的来源一般有三种情况：基于利益的团队冲突、基于资源的团队冲突和基于价值观的团队冲突，如下图所示。

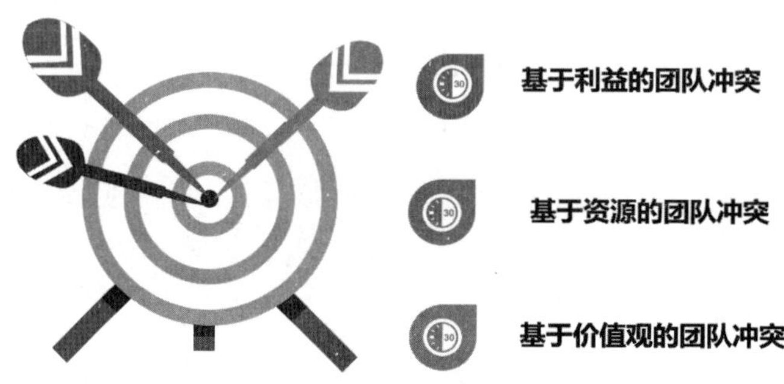

团队冲突的三种常见原因

（1）基于利益的团队冲突。

不同岗位有着不同的职责，正所谓“在其位谋其政”，很多员工因为在自己的岗位上待久了，已经习惯性从自己的岗位要求出发，心里第一时间想的永远是自己的利益，在工作中当别人侵犯到自己的利益时，双方的冲突就发生了。基于利益的团队冲突非常多见，尤其在跨部门沟通中更为普遍，所以说跨部门沟通与协作永远是企业管理中的一个难题。

（2）基于资源的团队冲突。

在团队日常工作中，团队的目标一定是要大于团队成员目前的工作能力，而团队资源是有限的，往往为了达成各自的目标，会开展针对资源的争夺战，于是冲突发生了。这个资源可能是团队中的关键物料、关键技术或关键人才。

例如，某互联网公司研发部门同时承接了两个业务项目，两个项目其中有一段技术的研发都需要用到团队中的研发员小王，A项目的开展时间相对比较早一些，于是研发员小王早就在这个项目中了。B项目可能产出更高，但时间稍晚一点，为了满足客户的要求，B项目需要加班加点来冲刺完成项目，现在到了研发的关键环节，必须要研发员小王参与。而A项目的负责人说，我们的项目还没有弄完，目前也在关键环节，没办法，小王肯定不能让给你。于是冲突发生了。

（3）基于价值观的团队冲突。

基于价值观的团队冲突是最难解决的，因为价值观是人们深层次的东西，价值观是个人对于客观事物及对自己的行为结果的意义、作用、效果和重要性的总体评价，它是主观性的。不同的人由于学识、经历、价值追求不同，对同一件事情的看法可能就不同，并且人们总认为自己的看法是对的，所以一方很难短时间说服另一方。

例如，销售岗位的职责是成交订单，取得业绩，于是销售时采用低价来吸引顾客，甚至为了讨好顾客和取得业绩不得不向上级申请降价，但在供应链人员眼中，低价会引起毛利润过低，认为公司这样下去会使得利润摊薄，服务和产品质量得不到保证，为了维持正常的运营，要么从原材料成本下手，用差点的材料，要么优化一下流程，降低成本，甚至把生产外包，而这一系列行为会引起顾客的满意度下降，于是建议价格不能再低了。但销售人员认为供应链人员在针对他，不懂市场，阻止他签单；供应链人员认为销售员不为公司着想，只想着自己的小利益，太自私，为了签单什么事情都干得出来。于是，基于价值观的冲突发生了。

2. 如何化解团队冲突

托马斯·基尔曼冲突模型是针对企业内部冲突的解决方案评估和选择方法。其中，坚持程度，即从上到下，从坚持到不坚持，决定着冲突一方是否会妥协；合作程度，即合作和不合作，决定着冲突的另一方是否能接受另一方的妥协，并能够采取宽容、合作的态度。在坚持和合作之间，冲突的五种表现形式有：竞争、合作、回避、迁就和妥协，如下图所示。

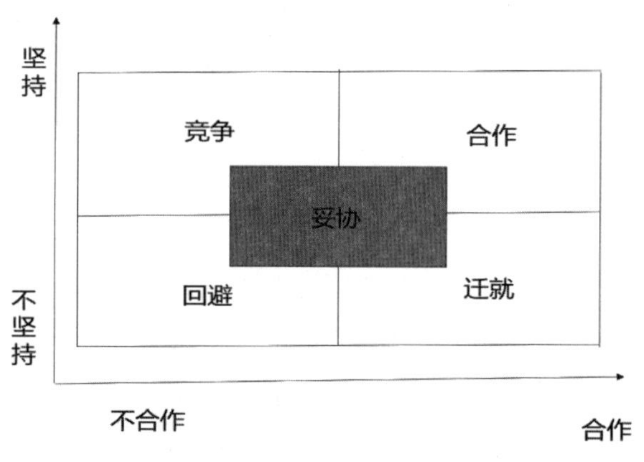

托马斯·基尔曼团队冲突模型

化解团队冲突是很考验管理者水平的一门学问，既要了解冲突的原因，有针对性地解决；又不能激起冲突双方的怨恨，影响团队的工作氛围。管理者要做好团队冲突化解工作，应做好以下工作。

（1）快速了解矛盾产生的真实情况。

管理者要解决冲突，首先必须进行细致的调查研究，要兼听冲突双方的意见，也要听取旁观者的意见。尽量做到不偏不倚，决策时不加入自己的主观臆断。通过调研，快速了解冲突的起因、经过、现状和趋向。并快速分析产生冲突的根源，辨别冲突产生的原因是认识上的分歧，还是利益上的冲突。掌握以上情况，才能对症下药。

（2）明确解决问题的标准。

明确解决问题的标准就是解决问题时希望达到的某种状态，这是解决问题的目标。同时，要深入分析这个状态是冲突双方希望达到的？还是组织希望达到的？通过何种解决方案来达到这个目标。

（3）快速找到解决问题的人或方法。

发现冲突的根源后，解决冲突才是管理者的工作重点。有些冲突可以快速找到解决办法，有些冲突可能超出你的能力范围，这时你需要快速找到最合适解决冲突的人。这个人可能是你的上级或团队中某个有声望、有技术专长的关键人。

根据托马斯·基尔曼模型，团队冲突的解决方法一般有以下几种，如下图所示。

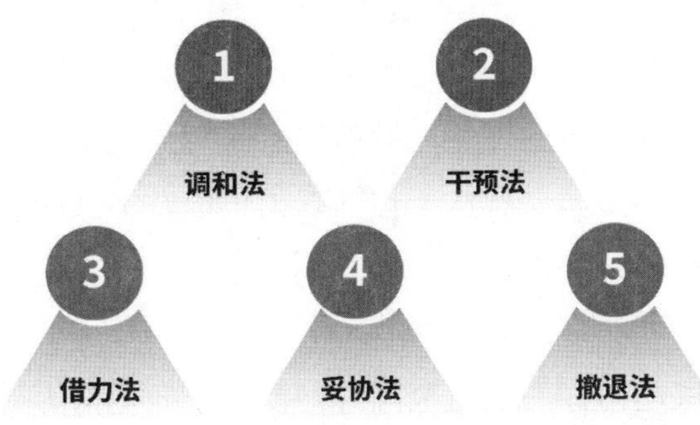

团队冲突解决的五种常用方法

①调和法。

调和法指管理者运用调和的方式，减少冲突双方之间的分歧，尽量对事不对人，把焦点放在那些一致的地方，求同存异。力求了解事情原委，揭露真相，将相关信息、事实全部呈现给冲突双方，从而让双方心静气和地解决问题，这也是解决团队冲突最好的方法。

王经理安排李明和王小芳合作完成一个项目策划方案，李明是一个非常严谨认真的人，王小芳却性格外向，认为差不多就行，于是两人在合作的过程中冲突不断，其间王小芳说："我觉得可以了，我们要第一时间响应客户的需求，我们赶紧给客户方案吧，不然客户被别人抢走了。"李明听了说："我觉得这方案还有许多可以修改的地方，好几个地方都比较粗糙。"王小芳听了生气说："反正我觉得可以了，有本事你自己改，要是客户跑了，你可要负全责。"李明更生气地说："我只是觉得可以更完善，我又没有针对你，干吗这么蹬鼻子上脸的。"

像李明和王小芳这样因为工作意见不统一而引发的冲突情况在团队中屡见不鲜。如果任由他们争吵下去，不仅无法完成工作任务，而且这种负面情绪会感染团队其他人，导致整个团队关系不和谐。这个时候，作为团队的管理者王经理需要及时出来对冲突的双方进行调和，同时王经理下次在安排相关工作时要考虑到不同员工的性格差异，以避免此类冲突再次发生。

②干预法。

干预法指管理者利用其权力终止冲突，强制冲突一方接受另一方的建议，或者听从管理者另外安排，这是一种强制性的冲突解决办法，这种办法简单粗暴，对基于利益或资源的冲突问题解决有一定的效果，但是也会给团队造成一定的影响，因为下属要服从于你的权力，但并不意味着他们真心同意你的安排。

③借力法。

当冲突的解决超出你的能力范围时，要善于向上借力，比如向上级领导汇报以争取上级的支持，或者找到团队中能解决此类冲突的关键人物出来解决，这种借力法也是管理者应当学会的有效冲突解决方法。

④妥协法。

妥协法指管理者为化解团队冲突，承诺或答应当事人双方或其中一方的条件，从公司的角度给予其更多的帮助或补偿，这是管理者向团队成员示弱的一种冲突化解方式，这种方式不能多用，如果用得太多容易把员工惯坏而损坏组织利益。

⑤撤退法。

撤退法指管理者面对自己不能化解的冲突或者以公司目前的条件无法解决的冲突可选择撤退法，暂时回避的冲突化解方式，这种方式有时也会有大用处，因为团队中不是所有的冲突都必须解决，有时冲突会随着时间的推移自然解决。高明的领导者有时会故意制造团队的冲突来挑起团队内部双方进行 PK，让双方的权力相互制衡，这是领导的高阶艺术。

3. 团队冲突化解实战技巧

场景一：如何应对团队中新老员工的冲突

在团队中新老员工发生冲突是最常见的现象之一，其产生冲突的根源主要有以下几点。

（1）资源冲突：通常团队资源是有限的，尤其优质资源更为稀缺。以销售为例，往往老员工手中握有大部分优质客户，而新员工要想做出优秀的成绩，自然要从老员工手中抢夺客户，于是冲突发生了。

（2）薪酬冲突：这种冲突有两种表现，一种是同等岗位的老员工工资比新员工高出很多，新员工内心觉得不平衡；另一个现象有可能出现“薪资倒挂”现象，由于公司招不到人，导致公司招进来的新员工工资有可能比老员工工资还高，于是老员工心里不平衡了。

（3）价值观冲突：大部分老员工做事比较沉稳，喜欢按部就班；而新招来的员工，则表现出比较随性、热情奔放，敢于创新。这就是价值观的不同，结果互相都看不顺眼，很容易激化双方的矛盾，产生冲突。

（4）工作传递冲突：许多公司在老员工向新员工知识、经验的传递过程中存在障碍，主要原因是老员工认为教会徒弟饿死师傅，害怕自己的利益受损，自己好不容易积累的经验、技能不能轻易传给别人。

如何解决冲突，主要有几个方面。

（1）文化与流程的统一。新员工一进来，要对其进行有效的培训，统一文化共识，规范工作流程，避免新老员工因为做事方式不统一而产生冲突。

（2）建立有效的机制。要想缓解新老员工的冲突，可以采取“传帮带”

机制，一方面可以让新员工快速融入团队；另一方面可以让老员工的经验快速传承。但要想使“传帮带”机制落地化，必须实施有效的激励政策，对在“传帮带”中做得比较好的老员工，可以晋升或获得奖励，这样才能刺激老员工。

（3）多举办团队活动。比如团队聚餐、K歌、野外活动，通过团队活动，加强新老员工之间的融合，增进彼此之间的感情，打造家文化。

场景二：如何应对不同职能团队间的沟通冲突

在日常工作中，势必要与其他部门进行横向的工作沟通。但由于各部门的职能不同、工作内容与工作流程有偏差，意味着各自都有自己的目标与利益，大家做事的出发点往往把维护自己部门的利益放在第一位。再加上各部门的信息不对称，跨部门或跨团队沟通显得非常困难，冲突也时常发生。这些冲突最终会扰乱整个公司的秩序，破坏各个部门的和谐，对整个团队的发展也会产生很多负面的影响。

解决团队冲突的主要办法有以下几点，如下图所示。

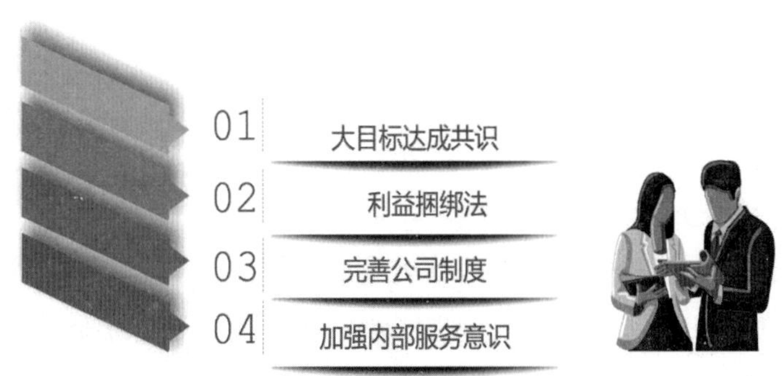

不同职能团队冲突的解决方法

（1）大目标达成共识。强化全局意识，寻找各团队的共同目标，追求合作共赢。各团队虽然分工不同，工作流程不同，但殊途同归，都是为了公司的发展，有着共同的大目标。

（2）利益捆绑法。不同职能团队之所以相互不理睬，各自为政，主要原因是他们之间没有共同利益，俗话说：“没有永远的朋友，只有永远的利益。”

当各团队之间利益与目标一致时，自然冲突就会下降，也会主动配合对方的工作。例如，销售部门的工作是负责销售，生产部门的工作是负责生产，如果生产周期长导致交货延迟，销售部门自然也会遭到客户投诉，所以他们之间有着共同的利益。所以，管理者在制定绩效考核时，可以将几个相关流程的团队一块考核，以形成利益捆绑，从而促进彼此间协同作业。

（3）完善公司制度。如果在日常工作中经常性会发生“三不管”地带，各个团队都说不是自己的本职职责，并且没有标准去衡量冲突双方谁对谁错，那说明公司的制度不够完善，部门间的岗位职责还不够清晰。这时，作为管理者要从根本上解决问题，要进一步拓宽各个部门的职责，完善公司的管理制度，做到“事事有人管，人人有事做”。

（4）加强内部服务意识。假设各个部门间是独立核算，那么一个部门与另一部门间就是内部客户关系，上一道工序必须对下一道工序负责。公司应建立这样的内部客户服务制度及沟通响应制度，一个部门请求别的部门支持，另一个部门必须在规定的时间内响应对方的请求。

5.6 高效开会：别让团队会议成了闲聊

团队会议是团队沟通的重要手段，有着多重作用：传达政令和资讯、协调矛盾达成共识、资源共享与开发创意、训练员工与培育人才、激励士气等。但开会是有时间成本和机会成本的，开会是多方为了完成某目标而进行的交流沟通，不是为了开会而开会，更不能当成闲聊。

1. 高效会议的认知

开会是团队管理的重要手段，它对集思广益、消除误解、做出决策，有着重要的意义。但现实中许多会议往往成为一种形式，一种“累赘”。有的会议议题繁多，只议不决；有的会议严重拖拉，效率低下；有的会议，参加人数众多，许多无关的人只是来作陪衬；有的会议成了领导的“一言堂”，失去了会议的意义。

2. 高效会议的安排

会议不应随意发起，它的时机性、参与人员的选择非常重要。如果能通过个别人员私下沟通就能解决的问题，没必要召开会议来解决。

一般出现以下几种情况时，可通过召开会议来解决。

（1）紧急事件，需要多人同时参与讨论与商量时。这种情况往往表现出事件比较复杂、紧急，需要大家群策群力来解决。

（2）需要多人同时了解某项信息或技术时。这种情况下通过会议显得高效，可以一次性向大家传达信息或讲解某个新技术，避免一个个去传达的时间浪费。

（3）工作例会。公司规定的工作例会应如期举行，这种会议可以统一员工思想，回顾近期团队工作重点与问题点，对下一步工作进行有效的计划。

（4）专题研讨或项目复盘会。这类会议的针对性强，可以集中攻关，由于主题聚焦，往往效果比较明显。

同时，团队管理者每次召开会议前，应考虑好需要哪些人员参加，没必要每个会议都让全员参加，这样既浪费员工的时间，也提高了会议的成本、降低了会议的效率。

选择参会人员的五点原则，如下图所示。

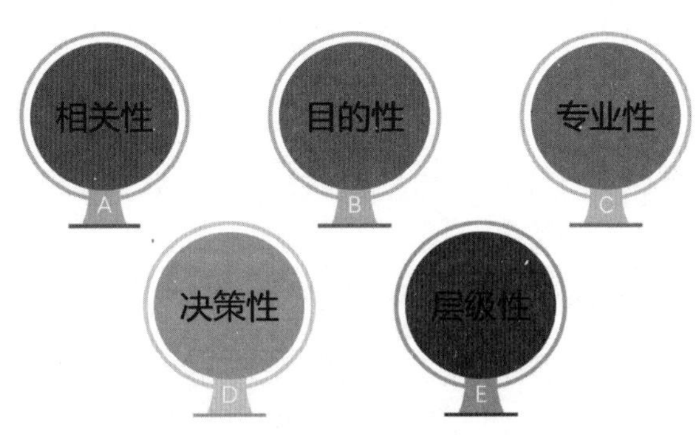

选择参会人员的五点原则

（1）相关性，指尽量做到每个参会人员都和会议有关，不要让不相关的人员参加会议。

（2）目的性，指每个参会人员都应当有一定的目的或目标，让他感受到在会议中有事可做。

（3）专业性，指参会的人员要专业对口，不能全是不了解情况的人，比如召开销售专题会议都让做生产、人力的人员参加而没有销售人员参加，这就不合适了。

（4）决策性，指参加会议的人员能就会议讨论的主题得出结论并做出决策。比如召开各部门负责人会议，结果各部门都派一个下属来代表部门参加，结果都做不了决策，那等于这场会议只是走过场。

（5）层级性，指不同的会议应考虑不同层级的人员来参加，有时层级对等才能在沟通时做到同频同率。而有的会议，如头脑风暴会，则需要不同层级人员参加，以最大化收集多方的信息与创意。

3. 如何举行高效会议

要召开一场高效的团队会议，我们需要做好以下几项工作，如下图所示。

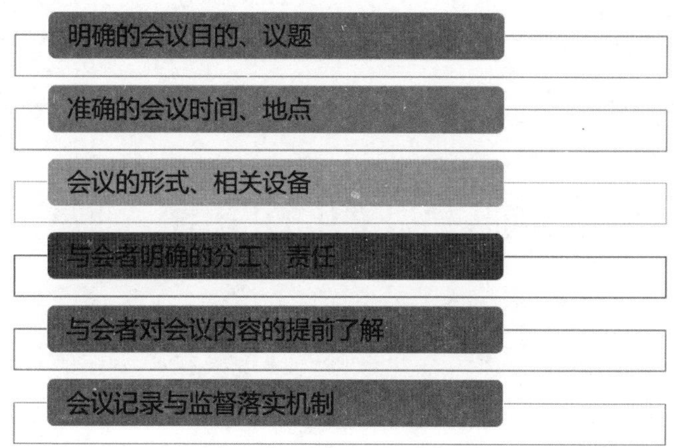

高效召开会议的重点工作

（1）明确的会议目的和议题，指本次会议要解决什么问题，围绕这个目的，确定会议的主题，这是高效会议召开的前提。只有明确会议的目的和议题才能做到目标明确，方向清晰，可有效避免会议闲聊、低效、议而不决。

（2）准确的会议时间、地点，指会议应提前确定准确的时间与会议地点，并提前告知与会人，避免等待时间的浪费与防止参与人跑错会场。

（3）会议的形式相关设备，可分为：现场会议、远程视频会议、电话或微信群会议，可根据不同的会议形式和主题，提前准备好相关设备、物料。

（4）与会者明确的分工责任，尤其是主持人的选择非常重要，主持人既要有会议流程的把控能力，有时还需要有一定的权威。

（5）与会者对会议内容的提前了解，以实现会场中沟通快速高效，形成高质量的思维碰撞。

（6）会议记录与会后的监督机制很重要，它是确保会议落地的关键，最好是每次重要会议形成的会议纪要、决议让每位与会者及相关责任人签字，以让大家清晰自己各自的任务，并派专人跟进会议中形成的决议以及落实情况。

有人说，我们小团队就那么十几个人，开个会没有必要搞得这么复杂，虽然说小团队会议的召开形式上可以简化，但俗话说："凡事预则立，不预则废。"要确保会议有效运行，会前就应做好充分的准备。会议的流程可以适当简化，但不能省略。有时会议的形式本身就是会议的一个重要组成部分，也是形成团队文化共识的重要手段。

5.7 团队凝聚：团队共识文化的打造

团队共识文化的打造是团队沟通的最高境界，一个团队如果连基本的共识都无法建立，团队定会成为一盘散沙，出现人在心不在的现象。因此，构筑团队共识，对管理者来说是团队管理的一件重要工作。

团队共识文化是员工的行为指南，是团队员工行为背后的共同价值观。要打造良好的团队共识文化我们需要从以下六个方面来做好相关工作，如下图所示。

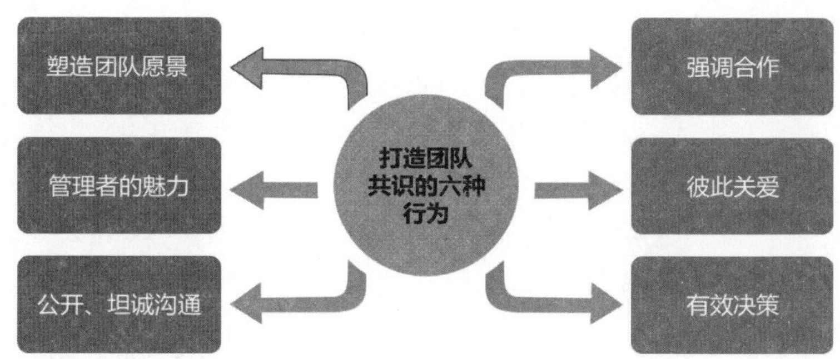

打造团队共识的六种管理行为

1. 塑造团队愿景

愿景是全体团队成员发自内心未来希望实现的愿望或景象，建立团队成员的共同愿景是一个管理者在团队管理中所要追求的最高境界，这种共同愿景能够持续激发团队的使命感。

作为管理者，我们要告诉员工，我们是什么，我们为什么这么做，我们要去哪里。管理者和员工共同设立愿景，可以增加团队的凝聚力。沃尔玛的人力资源副总裁曾说："愿景是企业的'灵魂'，它通过向员工宣传统一的企业价值观将他们凝聚在一起，这些价值观影响着员工的生活方式、行为方式和价值信念，促使他们积极地为企业创造价值。"

《斯巴达克斯》是一部描述罗马奴隶斗士的电影，讲述了古罗马斯巴达克斯不堪暴虐的统治，决定率领其他奴隶发动起义，以图推翻古罗马奴隶主暴政统治的悲壮故事。斯巴达克斯在公元前 73 年领导一群奴隶起义，他们两度击败罗马大军，但是在罗马将军克雷斯长期包围攻击之后，最后还是被征服了。在电影中，克雷斯告诉几千名斯巴达克斯部队的生还者说："你们曾以是奴隶，将来还是奴隶。但是罗马军队慈悲为怀，只要你们把斯巴达克斯交给我，就不会受到钉死在十字架上的刑罚。"

在一段长时间的沉默之后，斯巴达克斯站起来说："我是斯巴达克斯。"然后他隔壁的人站起来说："我才是斯巴达克斯。"下一个站起来也说："不，我才是斯巴达克斯。"几分钟之内，被俘虏军队里的每一个人都站了起来。

这个故事是否虚构并不重要，重要的是它带来了更深一层的启示。故事的关键情节在于，每一个站起来的人都选择受死。但是这些战士所忠于的，不是斯巴达克斯个人，而是斯巴达克斯所激发的“共同愿景”。即有朝一日可成自由之身，这个愿望是如此让人难以抗拒，以至于没有人愿意放弃它。

2. 管理者的魅力

管理者的魅力在打造团队共识中发挥着重要的作用，我们经常说：“一个团队的文化往往是领导人的文化。”作为团队的管理者，你的个人魅力、以身作则、真诚、信任下属是打造团队共识的核心要素，我们要让下属感受到你是一个有魅力、有担当的领导者，做事正直公正、信守承诺，答应下属的事情一定会办到。

《论语·子路篇》曰：“其身正，不令而行；其身不正，虽令不行。”管理者带头做好榜样，下属一定能跟随模仿。管理学大师彼得·德鲁克曾说过，“现代管理的本质是经营信任。”而管理者和员工之间建立信任是基于重复行为的循环过程。在这个过程中，管理者通过自身行为向员工灌输信任，以推进团队成员间的相互信任。这是促进团队共识文化打造的核心。

3. 公开、坦诚沟通

信息公开不仅可以让团队成员工作效率更快，同时减少了工作中没必要的猜疑。不管事实的真相是什么，其实管理者没必要向员工隐瞒，如果管理者只是一味地回避问题，员工就会更加无所适从。

有一位部门经理喜欢下属打小报告，向其告发其他下属成员的秘密，他认为只要抓住下属的把柄后来管理他们就不难了。后来发现下属逐渐开始提防他、远离他。下属跟他汇报工作也是公事公办，很少有人跟其私下沟通，慢慢地成了孤家寡人。

4. 强调合作

强调合作是打造团队共识的有力手段。一个人的能力再强也干不过一个团队，一个好汉三个帮，一个篱笆三个桩。通过团队会议、制度与机制的设计强化团队成员的合作意识；通过有效的分工、尊重差异化与相互协作，提升团队合作的效率。GE 前 CEO 杰克·韦尔奇认为商业归根到底是一项“团队运行”，必须依靠团队的力量。无论你的公司规模是 5 人、5 000 人还是 15 000 人，也无关你所处的行业。

2019 年，郎平带领的中国女排完成了 11 连胜的壮举，成功卫冕，十度成为世界冠军，感动了无数中国人。回顾中国女排的胜利，郎平教练的功劳首屈一指。郎平教练特别善于用人、育人、激励人，善于打造信任合作的团队。

首先，郎平教练的排兵布阵深思熟虑，敢于启用敢闯敢拼的新人，发掘了朱婷在内的多名新秀。同时，针对每个人的特点，要求她们发挥什么样的作用。在训练过程中，郎平非常重视教练组及后勤保障队伍的建设，按照西方强队一样进行配置，由主教练、助理教练、陪打教练、医生、康复师、体能师、营养师、信息情报研究师、数据统计师等专业人才组成。

郎平为团队制定了良好的机制，建立信任合作与竞争并存的文化。每次参加国家队集训的有二三十人，老中青结合，每个位置总是保持三四人在竞争。老队员和年轻队员在一起，可以传授经验，帮助年轻队员成长。这样，每个位置多人竞争，确保最优能力、最好状态的运动员能脱颖而出，同时也给队员压力和危机感，不进则退。郎平教练鼓励队员敞开心扉沟通，整个团队氛围也就会向良性发展。在团队中大家愿意暴露自已的缺点，而不是将自已的弱点藏着掖着。拿主力朱婷为例，朱婷当着媒体说：“自己的优点在进攻方面，身高优势比较好，缺点是下三路的东西。”

5. 彼此关爱

团队信任可分为三个层级，自信、他信和互信。“自信”是个人能力的体现，当员工的能力上升，在团队中的个人自信度就会提升；“他信”是责任的体现，一个人是否负责、有担当，是别人信任你的核心；“互信”是团队文化的体现，团队互信是需要一个长期的磨合过程。

彼此关爱既有助于打造团队的“家文化”，又可促进彼此的信任感。当管理者对员工表现出关心和关爱，员工的信任感就会增加，在这一点上，同理心能帮助管理者激发员工的信任。

6. 有效决策

共识不一定是每个人都要接受，在决策时，真理往往掌握在少数人手中。如果一味地让所有人都认同，就意味着整个团队面临决策时间增加的问题。因为在过程中会发生数不清的沟通环节。决策时间的增加还会加深企业对于项目成败的忧虑，这会使管理者没有魄力去承担风险。这样一来，管理者做决策时会越来越保守，缺乏创新。

因此，在决策时要快速达成共识，有时需要管理者快速决策，甚至有时需要一点霸道的精神，如果管理者没有勇气，畏首畏尾，企业就不能迅速做出任何有效的决定。

每一个决策都会有风险，要做出正确的决策，需要勇气和胆识。但对于管理者来说，正确的决策比所有人都同意的决策更重要。要做出正确的决策，并不需要征得每一个人的同意，而是要和一线、最接近项目执行的人来取得共识。

第6章

培养下属：让团队中每个人都能独当一面

6.1 信赖为基：全心全意对待员工是培养的前提

无论小团队管理者自己多么能干、多么有干劲，一个人能做的事毕竟是有限的。如今是团队合作的时代，即便是那些自认为很优秀的基层管理者，如果让他把每天的工作内容写在纸上，就会发现其实一个人能做的事相对公司整体来说是微不足道的。

组织经营中很多工作是要由团队合作来完成的。如果一个管理者不具备培养下属的能力或者不努力提高这方面的能力，那他所能创造的工作业绩也是有限的。只有真正把下属培养出来，让每个人都能独当一面，团队才能发挥最大的力量和效能。

要想培养团队，对领导者而言最重要的是什么呢？换句话说，什么是从始至终都至关重要的呢？那就是信赖。

身为小团队管理者，如果得不到团队成员的信赖，即便有再出色的思路、再辉煌的经历，团队成员也不会真正从心里接受，不会产生追随并一起奋斗的意愿。即使管理者批评员工，员工也不过就是心里念叨着“又开始骂人了”，然后为了早点脱身，嘴上说“好的，好的”，但他不会真心接受批评并愿意去改正。反之，即使被表扬了，员工也不会太高兴，只会觉得“不过是想哄我高兴罢了”。

1. 与团队成员构筑信赖关系的两个基本原则

如何与团队成员建立信赖关系呢？有些人认为，重要的是管理者自身要有能力，并且要让团队成员认可管理者的专业水平非常高。可是，在很多团队中却经常发生这样的事：“尽管领导很优秀，但是我不愿意追随他。”

虽说有能力是很重要的条件之一，但因为领导艺术是产生于人与人之间的，因此源自人性深处最根本的东西才更为重要。其实，构筑信赖关系并不是一件简单的事，它需要符合两个基本原则：言行一致与始终如一，如下图所示。

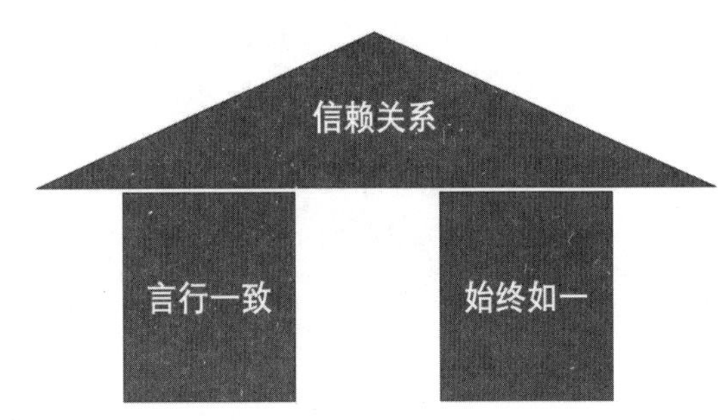

构筑信赖关系的两大基本原则

（1）言行一致原则。

承诺了，就要遵守。

如果你对员工说到了梦想，那么你就要比任何人都认真去追寻它。

如果你对员工说了“让我们把该做的事情做好吧”，那么你就必须身先士卒、率先垂范。

如果你说了“让我们更好地配合，共同携手奋斗吧”，那你就要第一个显示出与大家全力协作的姿态。

如果你说了“要以最高标准为目标”，那你自己就必须这样去做。

如果你做不到这些，那谁还会相信你呢？

言传不如身教，一名管理者的行为相对于他的语言来说更具有参照性与模仿性。请不要误会，并非要求小团队管理者都成为超人，事事亲力亲为。其实，团队成员中比管理者更有创意的人不在少数，有些管理者做不好的事别人可能轻松完成，所以并不是要求管理者在所有的领域都有高人一等的能力。

问问自己："对于自己说过的话、承诺的事，或者正在说的话，是否是那个忠实的践行者？"团队成员并不是一群领导说什么就信什么的人，他们会听其言，然后观其行，最后再决定对方是否值得自己信任。

（2）始终如一原则。

还有一点也很重要，那就是管理者是否能做到始终如一。对自己的信念、信奉的价值观以及追求的东西，不要轻易动摇，更不要随意改变。对于这一点，我们要关注的是，为了实现目标而采取的具体方法和行动应与时俱进，必须根据外部环境及形势的变化而改变。

但是，最终的目标、崇尚的信念和价值观始终都不能改变。这里面具有一种普适性，说得再深入一点，从这里可以感受到一种很强的道德观、社会性以及客观事物的真实性，也就是一种追求真善美的价值观。只有能够将这些视为核心价值的人，才有可能得到员工的真正信任。

有些人仅凭一时之念或是对方的身份就改变自己的态度和承诺，因得失而轻易改变为人原则，自己的思想经常发生动摇，却还用"那时候我是这么想的，但是现在……"来为自己辩解，这样做事和做人的人，最终必将失去他人的信任。

言行一致、始终如一，这是一个人应有的品质。由此，也可以看清一个人的诚信度。如果构筑不起信任关系，就无法建设团队。因此，对于管理者而言，最关键的是构筑信任关系，而团队成员对管理者的认识，就是从管理者日常的一言一行中品味出来的。

2. 全心全意、百分之百对待下属

如果不能建立起牢固的团队信赖关系，团队就不能发挥强大的协同作用。

那么，确立了这种根本的信赖关系后，管理者在直接与每一个下属相处时，做到什么程度才算好呢？答案很简单，那就是百分之百。人只有在别人百分之百尽全力对待他时才会改变。小团队管理者在作为领导与下属相处时，

要真心对待下属员工，只有这样才会被员工接纳。同时，这也是我们培养下属的前提。不要妄想只通过浮于表面的交往就改变一个人，如下图所示。

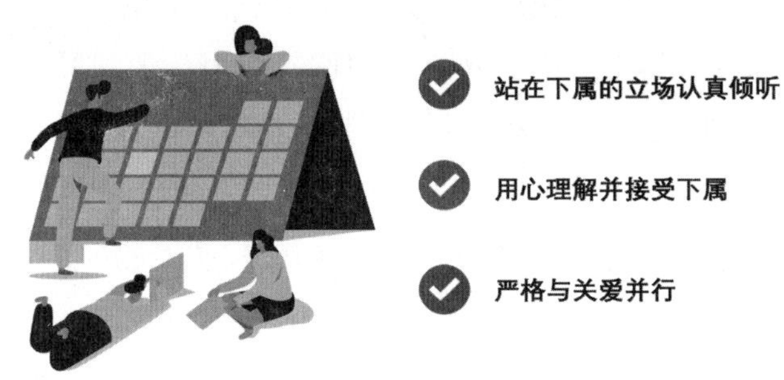

全身心对待下属的方法

（1）站在下属的立场认真倾听。

有学员经常问我：“我要怎样才能让下属感觉到我是真正为他着想呢？”

答案就是一定要站在员工的立场上，顺应员工的思维方式，感同身受地倾听员工心声。只有去倾听员工的心声，员工才会觉得“领导能够理解我，真心懂我”。每个人对事物的看法、想法、感受、立场、经历、性格和感情等都是不一样的，如果我们不能顺应员工的情况来倾听，是不可能获得好效果的。

正因为每个人的情况都是不同，所以领导只有站在员工的立场上，顺应并理解员工的思维方式及情感，他们才会认为领导在认真倾听他们的心声。

（2）用心理解并接受下属。

在认真倾听下属的心声之后，还要用心理解并接受下属。但是，这并不等同于下属说什么是什么。

所谓用心理解并接受，指针对下属所说的话，运用自己所有的经验、知识和能力进行分析，考虑应该如何给他提出最好的意见和建议。如果下属的想法不对或是过于简单，那就必须指出他的想法哪里不对，或是哪里可以更深入。如果想让他从不同的视角来考虑，则需要给他一个从不同视角考虑的提示。有时还要与他们产生共鸣，并分担他们的烦恼。

其实，下属是很敏感的。他完全能看穿领导是真为他着想还是仅出于领导的立场才这么做的。

有些人任何事都讲逻辑，他们喜欢说："从逻辑上来讲，这件事的情况是这样的，所以应该这么做。你必须这么做，你必须理解。"而且还认为这就是领导与下属的交往方式。但是，在逻辑上赢了下属又如何呢？领导的自我满足其实对于经营和培养下属并没有任何帮助，重要的是如何去感动下属并使下属产生行动、发生改变，这才是管理者应尽的责任。

人不是那么容易就能被感动的，一般不可能在听完领导的一番逻辑后，马上就在内心完全接受。要想让下属接受，就必须让他觉得领导是能够理解他的境遇和情感的人。为了做到这一步，在实际工作中必须站在下属的立场上，努力去理解下属的思维方式和情感模式，而这也是领导在管理中需要花费相当大精力的地方。

（3）严格与关爱并行。

身为管理者，如果真为下属着想，在实际工作中就必须严厉与关爱并行。

小团队管理者需要让下属的未来充满希望。如果真为下属的未来考虑，就必须对其进行严格的指导，直至其能够胜任某项工作。如果这时看似善解人意地对下属说"不必非达到那个程度"之类的话，或许当时可以皆大欢喜，但下属的未来可能因此而变得一片黑暗。

如果下属以低标准来要求自己并因此自我满足，那么领导必须毫不客气向他指出错误。而且，还必须做一个为下属设立一个又一个目标、向下属提出越来越高要求的人。因为不这样做，团队就无法取得成果，不能取得成果，未来只会变得越来越糟糕。

这里要提醒的是，作为管理者，不能因为不喜欢某个下属就严格要求他，也不能感情用事，凭自己的心情去做，而是要让下属明白严格要求他是为了让他拥有一个美好的未来。

另外，当你认为下属做得不错，或者比以前有进步时，你就要做善于关爱的人。一方面，好好地表扬他并对他的工作予以认可。只有这样，才能使下属感受到自己没有承受严格的要求，自己的努力是值得的，也才能理解管理者严格要求自己的苦心。另外一方面，还要关心下属的健康状况和家庭情况。

这样才能更好地激发下属的干劲，使下属愿意更好地去成长，同时为不辜负管理者的期望而努力工作。

6.2 做个“懒”人：做赋能型管理者，为员工培养做乘法

关于什么是赋能型管理者，我想先给大家讲两个真实的故事。

天才制造者

乔治是个成功的业务经理人，他在英特尔名气很大。在他的领导下，业务持续盈利。但最杰出的贡献是他对身边人的影响。维克拉姆说：“我是乔治身边的摇滚明星。他创造了我。因为他，我从一个个人管理者转变为时间管理者。在他身边，我感觉自己像一个聪明的人——每个人都有这样的感觉。他使我的潜能得到了百分之一百的挖掘——这真令人兴奋。”乔治团队中的每个人都有这样的心声：“我们不确定乔治究竟做了什么，但我们知道我们是聪明的，并且我们一直都在赢。这个团队是我们事业中最精彩的团队。”

乔治培养了人们的智慧。他不是人们关注的焦点，也不担心自己是否看上去很聪明。他所担心的是，如何提取众人的智慧和最大限度地展示他的团队中每个成员的努力。在一次典型的会议中，乔治只占用 10% 的谈话时间，他的大部分时间只简洁地进行问题陈述。然后，他会后退，给予他的团队空间，让团队成员自己找寻答案。他的团队通常会产生价值百万的想法。乔治的团队推动了业务，实现了卓越的收入增长，并提供了利润贡献，使英特尔进入微处理器业务。

聪明的天才

几年后，维克拉姆离开了乔治的团队，开始为另一个业务经理工作。这名业务经理曾是早期微处理器设计师之一。他是一位才华横溢的科学家，现在他被提升到管理部门，在工厂负责生产芯片。他很聪明，让周围的人印象深刻。

然而问题是，这个领导包揽了所有的思考性问题。维克拉姆说：“他非常非常聪明。但在他周围的人，感觉自己都得闭上嘴。他扼杀了我们的想法。

在一次典型的团队会议上，他做了差不多占时长 80% 的谈话，留给别人的空间很少。他给了我们很多反馈，而其中大部分是关于我们的想法有多糟糕。”

这个经理自己独自做了所有的决定，还信心十足。然后他会向团队宣布这些决定。维克拉姆说：“你知道的一切事宜他在心里都有答案。他有很好的见解，并把这些见解强加到别人身上，说服他们执行这些见解。任何人的意见在他那里都不值一提。”

这个经理手下有聪明的员工，但员工很快意识到，自己没有独立思考的权限，最终免不了辞职或被解雇的下场。最后，英特尔雇用了一个副经理，与这名经理共同解决团队中智力流失问题。但即使这样，维克拉姆说：“我的工作变成机械性的，而非创造性的。他只发挥了我 50% 的价值。我再也不会为他工作了。”

我们在两个故事中，很清晰地看到第二位管理者太执着于自己的智力了，扼杀了他人的想法，使得团队中起决定性作用的智力与才能被削弱了。而第一位管理者乔治使他人的才智得以发挥，并创造性地使团队的整体智力加倍。所以我们说，其中一位管理者自己是聪明的天才，而另一位管理者是天才的制造者。

1. 优化人才让员工能力得到最大限度发挥

（1）发现员工的天赋。

发现员工的天赋并释放其潜力能为团队创造更高的绩效。管理者可以发掘团队中每个人的天赋，或者有选择性地，只专注于你正尝试合作的人、正在琢磨如何利用其才能的人。也许你曾经一直希望能把一个人从团队中除去，不要问“这个人聪明吗？”，试着问“这个人在什么方面有天赋？”。你的发现可能就会改变你之前的想法。一旦你训练自己去识别人才，就可以让整个管理团队都来学习识别人才，这样团队成员就能了解团队中每个人的天赋。

（2）拔高任务。

试着按“给孩子买鞋”的方式去度量每个人的工作。聪明的父母是如何决定给孩子买什么尺寸的鞋？他们先测量孩子双脚的尺寸，然后买一双尺码偏大的鞋。当他们的孩子试穿这双鞋子，不自然地站在商店里，抱怨鞋子太大显得太奇怪的时候，父母会如何回应呢？他们会说："别担心，你会长大的。"

同理，我们可以先评估团队成员当前的能力，然后给他们一个稍大一点的挑战，拔高其工作任务。如果他们看起来很吃惊，那就代表这个角色或责任一开始可能会让他们觉得很难接受，但相信人的潜能是逼出来的，当管理者把团队下属的工作任务在合理的范围内拔高一线，员工的努力便会增加一分。

（3）让超级明星离开。

作为管理者，也许看着超级明星员工离开你的团队会很难受，因为你就是曾不断鼓励他们前进的那个人。大多数管理者都试图留住他们的明星员工，最好的领导者却知道什么时候让他们离开。他们认识到这个超级巨星已经超越了他的工作环境。就像父母看着他们的孩子去上大学一样，他们充满了复杂的感情，但很明显，年轻人需要更广阔的天地和新的考验。同时，作为小团队来说，有时超级明星的离开更有利于团队其他成员的快速成长，因为他们在超级明星员工离开后，可以得到更多的关注与资源支持。

2. 创造紧张氛围让员工发挥出最好的思考及工作能力

（1）给他人更多的空间表达想法。

如果你想为团队其他成员创造更多的空间，特别是如果你容易主导讨论时，我们可以拿赌筹码游戏来打个比方。

实战操作技巧：筹码游戏

①我们给自己5个筹码，每个都相当于几秒钟的谈话时间。第一个筹码值120秒，中间三个筹码值90秒，最后一个筹码值30秒。

②接着我们可以把我们在会议上的演讲限制在5条评论里，每个筹码都代表一条评论。我们可以随意的发言，但是只有5个筹码。

③再接着我们就会发现，我们开始克制自己，过滤思想，只为了寻找最重要的，在合适的时机插入我们的意见。

最后，我们会发现这样的方法可以得到两个重要结果：一是为别人节省了大量的空间，把会议变成群体的论坛，大家都可以共同表达想法，共同制定战略；二是作为小团队管理者，增加了自己的可信度和领导力。

（2）区分你的观点。

大家都知道，团队成员往往会对领导者的观点和想法产生强烈的尊重感。一位高管是这样描述他担任某公司总裁第一周的情况。各个部门的人拥到他身边，急于问他问题。他新上任，也希望能对员工有所帮助，所以他提供了一些随意的意见。令他惊讶的是，几周后，他发现他的那些观点已经变成了一套非正式的决策。后来，当他解决这个烂摊子的时候，他学会了小心区分随意的意见和真正的意见与决策。

因此，我们可以在这里把我们的观点分成“温和观点”和“强硬观点”。

①温和观点：你提出可以让别人考虑的想法。

②强硬观点：你有一个清晰的、潜在的、有力的观点。

通过这种方式，你可以为他人创造空间，让他们可以没有压力地反对你的“温和观点”，并建立自己的观点。如果情势需要，你也可以提出“强硬的观点”。

（3）谈论你的错误。

坚持反思与自我批评是管理者成长的重要方法。作为小团队管理者，承认你的错误不仅会提升团队决策的正确性，更可塑造团队实事求是、敢于认错的良好风气。

作为管理者，当分享你的错误时，尝试以下两种方法。

①从个人角度出发：让员工知道你犯了什么错误，你从中学到了什么。让他们知道你是如何将所学融入决策以及当前的领导实践中的。作为一个项目小组的主管，你可以和团队分享曾带领的一个项目，最后失败时是如何应对愤怒的顾客。你可以专注于你的经验教训，以及这些是如何影响你当前的项目管理方法。

②公开：不要在紧闭的门后或一对一的谈话中谈论错误，要公开谈话，

让每个人都能从中学到东西。试着把它作为你管理研讨会的一部分。

（4）允许犯错的空间。

在团队工作中定义一个实验的空间，明确允许失败和不允许失败的区域。就像一艘船的水线，在“水线”之上，人们可以进行试验和冒险，还有复原的可能。然而，“水线”以下的错误就像无法弥补的破洞，可能导致灾难性的失败，并“击沉”这艘船。为你的团队成员创建一条清晰的“水线”会给他们信心，让他们有信心进行试验，并采取更大胆的行动，但这也表明当风险很高的时候，他们要更加谨慎。这种区分很好地掌握了原则：什么时候你需要退后一步，什么时候你需要上前去救援。

3. 创造一个给大家自由发挥的机会

小团队管理者如何更好地充分调动团队智力，提升员工培养效果，我们在这个章节里为大家整理出了三种做法。

（1）创造机会。

人们是通过挑战来成长的，智力是通过发展和检验来成长的。所以小团队管理者要给予下属成长与创造的机会，通过授权、集体研讨、项目主导等方式，给予员工更多工作展示与创造的机会。

总结而言，可分为四步。

①展示需求：创造机会的最好方法之一，就是每个人自己去发现它。当人们看到自己的需求时，会逐渐对这些问题有深刻的理解。通常，小团队管理者所需要做的就是摆脱困境，让团队来解决问题。

②质疑假设：小团队管理者应该会质疑团队中的基本假设，并打破当前的逻辑。著名的管理大师和战略教授C.K.普拉哈拉德以“质疑团队的基本假设”而闻名。他知道制定战略的关键在于理解和质疑假设。当与领先企业的管理团队合作时，C.K.普拉哈拉德有一个嗜好，他会提出能动摇他们的假设问题，使他们能够从不同角度看到不同的市场机遇和威胁。

③重新定义问题：正如咨询大师兼作家彼得·布洛克所言：“最强大的工作是回应一个机会，而不是回应一个问题。”优秀的管理者不但善于分析

问题，他们还会把问题重新整合起来，以机会的形式呈现出来，因为问题与机会是并存的。

④创建一个起点：管理者往往要提供的是一个解决问题的起点，而不是一个完整的解决方案。这样可以鼓励团队成员充分理解这个机会，启动智慧去寻找问题的答案。

（2）设立挑战。

一旦创造了机会，随即也就创造了智慧，团队管理者设立的挑战会极大地促进团队发展。但是如何在不分散团队的情况下设立挑战呢？有如下几种方式。

①扩展一个具体的挑战：利用智慧为团队制造挑战，这些挑战往往具体且可衡量，允许员工评估自己的表现。通过提出真正的挑战，让其他人看到成果，并传达出团队拥有集体智慧的信心。这种信心是至关重要的，因为挑战必将要求整个团队超越现有的边界和能力。

②提出需要回答的难题：一般管理者给答案，优秀的管理者问问题。通过一些非常难的问题，促进员工思考，而且是反复思考。问题要是团队成员无法根据他们目前的知识来回答的，要回答这些问题，团队须继续学习。在这些难题的帮助下，员工在所知道的和需要知道的东西之间，创造了一个真空空间；在现有能力和要做的事情之间，也创造了一个真空空间。这种真空空间创造了团队中的紧张气氛。它就像一个被拉伸到极限的橡皮筋。一方需要向另一方靠拢，以减少紧张。

③让别人来填补空白：在提出挑战和问题后，如何让员工接受挑战呢？小团队管理者需要把思考的任务转移给别人。最初，当他们建立起一个具体挑战时，思考的任务在自己的身上。通过提出难题，并邀请其他人来填补这些空白，他们就把思考的任务转移到员工身上。这样一来他们的任务就是和团队一起面对挑战并找到解决方案。在这种转移中，小团队管理者在自己的周围创造了智慧和力量。

（3）塑造信念。

通过提出机会和挑战，员工对可能发生的事情开始感兴趣，但这还不足以带来行动。小团队管理者应为团队塑造积极正向的信念。以下是我们发现小团队管理者在培养团队时，可以在团队中树立信念的方法。

①降低挑战难度：斯里达尔是布鲁姆能源公司的首席执行官，他的愿景是为家庭和企业生产发电机，而碳排放量只有传统发电厂的一半。他解释说：“这个目标是难以达到的，但不是不可能的。它不能在 3 万英尺的高度，而应在 1 000 英尺的高度。如果 CEO 的目标定在 3 万英尺的高度，还要求你的团队去做一些事情，这是不负责任的。你必须降低难度，然后证明这是可以做到的。你必须向他们展示一个途径，并说明为什么可以这样做。你只需要做一次，就能创造出信念。”通过“乘直升机”到现实，小团队管理者实际证明了，大胆的挑战完全有可能实现。

②共同建立计划：当人们制订自己最终能实施的计划时，他们将坚信计划是可实现的。1996 年，在雷·莱恩的带领下，甲骨文不仅建立了战略意图，还在该团队内部树立了一个深刻的信念，即甲骨文可以引领互联网时代。因为所有的高层领导有机会共同制定公司战略，他们深知未来将会遇到的挑战，知道采取何种行动才能实现这一目标。他们已经建立起了实现这一目标所需的集体意志和能力。这个团队已经准备好迎接挑战了。

③为最初的小胜利欢呼：有时管理者会面临一种诱惑，就是想一次性解决很多的问题。可是研究表明，优秀的小团队管理者往往一开始会鼓励小的、早期的胜利，并利用这些来产生面对更大挑战的信念。

4. 通过激烈的辩论做出坚实有力的决定

制造辩论，最好是用严谨的思维和集体智慧来确定一个重要的决定。框定问题，团队准备，引导辩论……不是用强烈的意见，而是用一个合理的过程来鼓励人们在表达观点之前进行权衡。要做到这些，我们需要满足四个要求。

（1）提出棘手的问题。提出问题，就会知道这个问题及决定的核心是什么。提出带有潜在假设性的问题。将问题提交给团队后，停止表达意见。接下来，不要固守自己的意见，而是询问他人的观点。

（2）要求证据。当有人提出意见时，要求证据，而不是随便提出意见。寻找多个数据依据，并要求他们确定一组数据或是趋势，让这成为一个规范，这样成员们就会带着自己的数据，甚至是一套数据模型来参与辩论。

（3）询问每一个人。不要只集中于最强势的声音，也要听取其他观点和数据，你可能会发现，较轻柔的观点往往来自那些对数据非常熟悉以及有着客户分析心态的人。你也不必要照本宣科的询问每一个人，但一定要询问足够多的人，以收集各种不同的想法。

（4）要求成员转换立场。邀请他们从另一个角度来考虑这个问题。这将减少个人依附感，从而增加集体所有感。

我们的小团队管理者要知道，当你重新思考你作为领导者的角色时，你会发现你最大的贡献可能取决于你提出正确问题的能力，而不是提供正确答案的能力。无论是个人还是集体，所有伟大的思想都源于一个挑战性的问题或一场激烈的辩论。

6.3 及时反馈：安排工作并及时给予反馈评价

“工作成果 = 能力 × 干劲”。无论你的能力有多高，创意有多妙，如果执行的人没有干劲，也不会获得好的工作成绩。小团队在实际管理中，很多员工在执行时没有状态，很大原因是没办法按照自己的思路进行自由发挥。在这样的情况下，成员失败了，他就会把“我是按 XX 领导指示来做的”当成借口。这样的失败经历只会让成员逐渐消沉。如何解决这样的问题呢？应该从以下方面着手。

1. 不对成员过度指挥

一旦把工作交托给了成员，就要有睁一只眼闭一只眼的勇气，要懂得忍耐。

虽然过程中你可能有很多话想说，但是既然对下属说了“请按照你自己的想法和做法在某月某日之前完成这项工作”，那么小团队管理者就必须忍耐，必须放手让成员做到最后。

当然，授权不等于弃权，正如松下幸之助先生所说的一样："放手，又不能完全放手。"也就是说，放手不等于放任不管，而是要像放风筝，主动权仍然掌握在自己手中。要时刻关注下属对工作任务的进展情况，必要时还要听取成员的汇报。如果发现成员的做法偏离了我们的根本目标或标准，就要以提建议或指导的方式让他进行修正。但是，如果成员的做法并没有偏离根本，就没有必要对他进行过细的干涉，这一点非常重要。

如果没弄明白这个问题，那么在放手之后，就难免会对成员的工作指手画脚，一会让他这么干，一会又让他那么干，这种过度指挥会使成员失去工作的意愿。如果这样干涉过多的话，部分优秀的成员可能会选择离你而去。因此，"放手 "固然重要，但是"放手的方式"也同样重要。

2. 放手前共享目标愿景

在"放手"之前，领导者必须与成员进行反复沟通，让成员清楚自己希望达成什么目标、执行什么标准，管理者必须牢记这一点。如果成员对管理者要求的目标和标准尚不清楚，需要不断沟通，直至双方达成共识。否则切不可放手让成员去做。

如果偏离了目标和标准，那么尽管下属很努力，却很难获得管理者所期望的成果。这对双方来说都是一种不幸。需要注意的是，有些成员貌似在听管理者说话，但其实并没有听进去；貌似听懂了领导的要求，但其实并没有真正理解。

作为管理者对此必须很敏感。一旦感觉到有人在不懂装懂，就必须反复说明，直到他听懂并且理解为止。在绝不妥协的事情上就不能有丝毫让步。

如果想放手让下属去做，在这方面就不能含糊不清。你认为自己已经把工作交代清楚了，他已经明白了你想让他做什么，但他未必真明白，所以最终的成果才会出现偏离。这样一来，双方的信赖关系也有可能因此而产生裂痕。

3. 放手后准确传达评价

小团队管理者在放手让下属去做事之后，还必须对成员的工作进行评价，这样才算给自己的“放手”画上了一个句号。

自己交托的工作，下属完成得好还是不好，对此管理者必须艺术性进行评判，并在日常交流时或寻找合适的时机将自己的评判结果告知成员，这一点非常重要。在成员取得好的成绩时，不要忘记表扬他“做得很好！”如果发现成员做错了，就要告诉他这样做不对，或是做得不够。如果不这样，很多人就意识不到自己做得不够、做错了或者失败了，而是以为自己一直都做得很成功。如果放手让成员去做，却不认真给予评价，成员的工作水准就不能很好地提高。

当然，成员在取得成果时，如果能够得到表扬，他们的干劲就会更高，接下来肯定会更加努力。

放手让成员去做，并认真给予评价，这是使人成长的一个很重要的因素。反之，最糟糕的情况是，作为管理者却不能清楚地给予评价。这种做法不但不能使成员获得成长，还会让他们觉得管理者根本不在乎自己。这样一来，成员就会开始敷衍了事地应付工作，并与领导者渐行渐远。单单放手不能算完，还要认真给予评价。做到这一步，“放手”的工作才算完成了。

6.4 成为教练：用教练的方式激发团队的能力

“教练”一词最早由英文 Coach 翻译而来，它的原始意思“四轮大马车”，马车是古代能快速将人们送到目的地的一种交通工具。后来 Coach 的意义延伸为“训练、指导”。如今，教练技术广泛应用于商业和生活等领域，更引入企业管理领域，我们称之为“管理教练”。

什么是教练？引申到管理中，教练是通过一系列方法和技巧，最大限度激发员工个人的天赋潜能和学习潜力的一种方式。

现代管理学之父彼得·德鲁克指出：20 世纪管理学的最伟大贡献是将体力劳动者的生产力提高了 50 倍，而 21 世纪管理学的挑战，则是如何将知识型员工的生产力提高 50 倍。教练正是顺应了知识经济时代对领导和管理的呼声，集心理学、神经科学和领导力研究之大成，应运而生、乘势而上发展起来的。近些年来，不仅许多大公司相继把管理教练引进企业，许多创业型小公司、快速成长型公司也继续引进教练进入企业。众多企业实践证明：教练技术已成为强化企业执行力、领导力，激发员工潜能和帮助员工提升绩效的利器。

1. 带给小团队管理的改善价值

教练是致力于帮助员工获得未来，是一种有动力的对话过程，不直接提供建议和答案。大部分时间只提出问题，帮助员工反思、觉察自己，找到答案。教练与员工是一种伙伴关系，通过发人深思和富有创造性的对话过程，最大限度地激发员工个人的天赋和职业潜能，提升工作、生活品质。

教练的本质是 3 个关键词：觉察、选择、改变。通过动力对话、启发员工的自我觉察；让员工发现自己的盲点或更多的可能性，从而做出最佳的选择，并且愿意为自己的选择承担责任；当员工做出正确的选择和付诸有效的努力之后，改变自然而然就发生了。

管理者通过有效的教练技巧，可以给团队带来一系列的改善价值，可以有效激发团队的活力。

（1）改善团队成员的心智模式。通过用有效对话代替指责、批评，让员工看到更多可能性，从而为员工做出正确的选择提供更多的有效信息。

（2）改善员工的思维模式。决策时的思维更理性、更客观，从而做出有效的理性决策。

（3）增强团队成员责任感。由于是员工自己做的选择，自觉自愿地改变与行动，所以员工自己会对自己的选择承担更大的责任，由“要他干”变为“他要干”。

（4）聚焦目标，厘清现状，寻找更多的资源与选择方案，想方设法解决过程中的各类问题，促进员工与团队绩效的提升。

（5）建立信任，激发员工潜能，从而提升员工绩效。通过教练过程，易于打破传统的上下级之间的对立关系，从而建立平等互助的信任关系，激发员工潜能，减少干扰，从而提升员工绩效。

2. 如何成为一个好的管理教练

管理者成为教练的难点在于，由于管理者过往的经验与管理习惯，在下属遇到问题来向他汇报时，他很容易直接给下属答案，而不是通过对话、诱导的方式去启发下属深思；并且管理者常常对此种管理方式乐此不疲，因为他们喜欢这种掌控与驾驭的感觉。

让一个管理者成为一个好的教练很难，但绝不是不可能的。对于一个管理者而言，专业在很多方面都是无价的，事实上在很多的团队中，大部分管理者都是专家。但新时代更急需管理者成为团队的教练，当工作中遇到问题时，能够带领大家群策群力开展讨论而后得出更佳的解决答案，这个过程不仅是启发下属思考与提升下属能力的一种方式，更是一种团队文化的打造方式。同时，新时代，由于环境的剧变，新的复杂问题层出不穷，一个管理者凭经验很难解决所有的问题，必须依靠团队及外界的力量。

经过多年总结，做好一名好的管理教练应做好如下 5 个方面。

第一，坚定信念，状态先行。

传统的管理理念认为管理员工就是要控制员工，让其听话照做，一切行动听指挥。或许在工业时代，企业依赖更多的是专业化、标准化、流程化，需要的是员工的手跟脚；而在新知识经济时代，企业雇佣的不仅是员工的手跟脚，更需要用到员工的头脑与一颗忠诚而积极正向的心。也就是说，企业雇佣的是一个活生生的人，而不是机器。

ICF（International Coach Fedration，国际教练联合会）教练先驱埃里克森提出的教练的五大原则中，其中重要的两条就是“一切都是 OK 的”和“每个人拥有成功的资源”。要想从管理者向教练转变，首先要转变观念，作为员工的教练要坚信：“所有员工都是 OK 的”“每个员工都拥有成功的资源”。当管理者以这样的信念去对待下属的时候，在他眼里便会出现“没有无能之人”“每个员工都有能力解决自己的问题，只不过他们被当下的问题困住了”的想法，从而使得教练工作的开展一开始就取得下属的信任，让下属感受到被尊重、被欣赏。

第二，改变做专家的姿态。

关于教练本质的最早记录源于《管子·心术篇》中“勿代马走，使尽其力；勿代鸟飞，使弊其翼”。意思是说：你无须代替马儿去行走，马儿自然会奋力前奔；你无须代替鸟儿飞翔，鸟儿自然会振翅高飞。在工作中，管理者不能包办下属的一切工作，不要事事以专家的姿态去告诉他们如何去做，而应帮助他们提升自我工作能力与解决复杂问题的能力，让其自行选择，自行去做出他们的最佳抉择方案。

第三，明确目标，激发下属改善意愿。

首先要明确目标。明确的目标是达成教练结果的首要因素，就像射箭前必须找到明确的靶心。通过绩效辅导、工作观察等方式发现下属的问题，帮助其找到差距，并辅导其制定明确的改善目标，从而做到有的放矢。

第四，要激发下属学习与改善的意愿与动力。

苏格拉底说，教育不是灌输，而是点燃火焰。尼采说，知道“为什么”的人几乎能够克服一切“如何做”的困难。当员工愿意主动去学习、主动去改变时，教练的目标已经基本达成了一半。

第五，要懂得因材施教，巧用方法。

不同的员工的学习方式是不一样的，有些员工适合于在教练的辅导下开展学习；有些员工适合独自在实践中自我改善；有些员工适合于团队赋能式学习。管理教练要根据员工的性格、学习偏好，采用不同的辅导、教练方式帮助下属改善，陪伴成长。

3. 四步激发团队

第一步，帮助团队成员看到自己所长。

把团队成员安排在能够发挥他们特长的职位和项目上才能更大程度地发挥其价值。太多的员工挣扎在未能利用自身所长的岗位上，一干就是一辈子。这样，无论接受多少培训和指导，他们最多也只是把自己的“弱项”提高到“平均”的水准。

帮助团队成员看到自己所长，是建立教练辅导的基础，从而建立差异化辅导机制，并提升员工学习与改善的信心。

第二步，沟通期待要达成的目标。

确保团队成员知晓期望达到的结果。详细说明达成目标所必须遵循的程序。让团队成员清晰该如何判断事情的成败？有哪些特定的评价标准？项目截止日期是哪天？如何评定质量？

《孙子兵法》云：上下同欲者胜。团队制胜的法宝是上下同欲。让下属清晰地知道团队的愿景以及每个人的工作目标既是组织对团队成员的要求，也是团队成员自己要努力去奋斗的目标。

第三步，支持、鼓励、问责。

教练的辅导是通过三项核心的教练行为来完成的，它们分别是：支持、鼓励与问责。管理者通过支持行为与员工建立有效的合作伙伴关系；通过鼓励为员工赋能，提升员工的意愿与能量状态；而通过问责机制建立员工有效行动的跟进、监督，无形中对员工产生压力。

从物质的状态变化来看，当物质的环境、内在的能量发生改变时，物质的状态将有可能发生改变。比如从水的状态变化来看：1 克水 +540 千卡 = 水蒸气，但这个过程在自然状态下不会瞬间完成，它需要时间的积累，即使人工把水烧开也需要一定的时间。由此得出一个结论：改变 = 能量 + 时间。教练系统正是基于以上原理，通过与员工建立伙伴关系、支持关系与问责跟进，从而促进员工行为发生改变，绩效得以提升。

第四步，协助制定预防措施。

教练要协助下属制定预防措施，以免薄弱环节危及整体的成功。换句话说，作为一名教练，管理者应该帮助下属防患于未然。对于困难较大的项目或计划，应该为下属指出容易出问题的地方，同时提出汇报工作的建议时间点，以便下属能够在局面恶化之前得到进一步的指导。

在团队管理中，是做一名教练，还是做一名评论家，这实际上是一个战略性的选择。它会影响团队的效能、士气、出勤率和员工流失率，并且最终会塑造组织的文化。所以，如果我们希望真正运用教练的方式来更好地培养下属、激发团队能力的话，需要小团队管理者放弃过往习惯的告知，真正学习以教练原则来管理团队，这样管理者就可以以更高的标准来完成工作，并同时发展员工，实现团队更大的进步。

6.5 擅用复盘：让经验和教训变成组织能力

某公司为了争取一个大客户，专门成立了项目组，分工协作，死磕半年，经历各种挫折和辛苦，当然也有各种鼓励和改进，终于得到了客户的认可："恭喜，贵公司中标了。"

这时候作为小团队管理者的项目组负责人应该干什么？做两件事：第一，带着团队去狂欢；第二，带领大家走进会议室，认真地进行一次复盘。

哈佛大学的大卫·加尔文教授认为：学习型组织的诊断标准之一，就是"不犯曾经犯过的错误"。从即将结束的项目中总结成功经验，吸取失败教训，这就是复盘。复盘来自围棋术语，也称复局，指对局完毕后，复演该盘棋的记录，以检查对局中招法的优劣与得失关键。现复盘广泛运用到管理工作中，联想柳传志称："在这些年管理工作和自我成长中，复盘是最令我收益的工具之一。"复盘的核心价值是：巩固成果和改正错误，不在同一个地方犯重复的错误。

联想公司根据实际经验，把复盘归纳为四个步骤：回顾目标—评估结果—分析原因—总结规律，如下图所示。

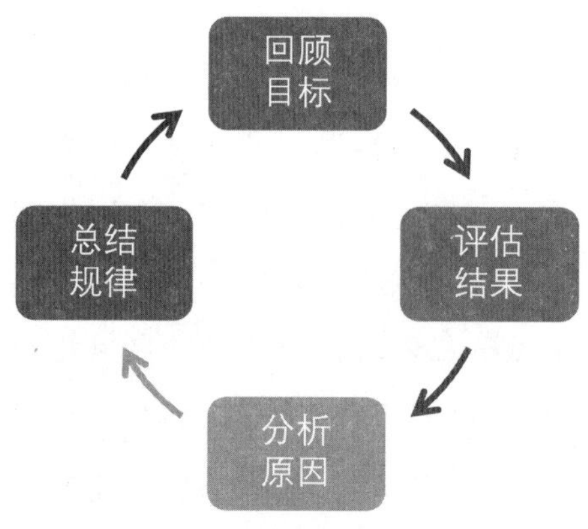

联想复盘的四个步骤

回到最初的案例。按照联想的复盘流程，可以有如下做法。

1. 回顾目标

回顾目标，就是要准确、客观地回答两个问题：我们的目标是什么？我们的里程碑有哪些？

“我们的目标是不顾一切拿下这个项目。”这准确、客观吗？这个目标很含糊，什么叫“不顾一切”？准确、客观的描述是：“我们要在 10% 毛利率的底线内，拿下这个项目。”

2. 评估结果

这一步很关键。通过准确、客观的描述结果，可以找到相对于目标的“好的差异”和“坏的差异”。

比如，结果是“我们在 2 月底拿下了项目，但测算的毛利率只有 5%。”因此，好的差异是我们推动客户提前做出决定；坏的差异是毛利率低于预期。

评估结果、描述差异时需要注意，不要忍不住分析原因，甚至提出解决方案，更不要忍不住指责、抱怨和撇清责任。

3. 分析原因

评估完结果，就要分析原因：是什么导致了好的差异和坏的差异？

大家讨论后认为，推动客户提前做出决定，让竞争对手措手不及的原因是：第一次使用了“作战指挥室”的管理方式，团队合作的效果和效率都大幅提升，使项目方案极具说服力。

销售严格执行“销售漏斗”流程，发现客户对上线日期的担忧，从而说服客户提前招标。

但是，毛利率为什么低于预期呢？经过对事不对人的冷静分析后，大家发现原因是：项目方案内容变化太快，导致成本估算表更新速度跟不上。

最终一轮谈判时，在谈判技巧上，表现严重不足。

分析原因时要注意：成功主要看客观原因，失败主要看主观原因。

4. 总结规律

项目组负责人很高兴大家能客观地面对成败，获得的不仅是胜利，更是经验。但是复盘还没结束。还有最后一步，也是最重要的一步：总结规律。这一步，是把“隐性知识显性化”的关键一步。

根据对成败原因的分析，总结出四条规律。

（1）作战指挥室，在重大项目中建立快速反应团队的好方法。

（2）销售漏斗培训，对提高销售能力值，提高项目成功率有帮助。

（3）项目方案快速调整时，成本预算表是容易滞后的模块。

（4）谈判能力，在大项目的最后环节，作用明显。

基于这四点，要开始做什么、停止做什么、继续做什么。

开始做两件事：第一，行政部把一个会议室改成专门的作战指挥室；第二，销售部修改工作手册，超过 300 万的项目谈判，配备谈判专家。

停止做一件事：项目内容大量变更时，方案中心不能独自作战，要申请财务部专员配合。

继续做一件事：每个新入职的销售人员，都要参加销售漏斗的培训。

最后，把复盘总结发给所有人；把总结的规律写进工作手册；把要开始做、停止做的每件事，都启动单独的 PDCA 循环。

组织学习大师彼得•圣吉曾讲过：从本质上看，人类只能通过“试错法”进行学习。而复盘，就是从曾经试过的错中学习，把经验和教训变成组织能力。作为小团队管理者，擅用复盘技术，真正将团队过去的经验和教训进行及时的复盘，最终实现培养团队中的每个成员都能掌握并运用，是让团队成员都能独当一面的关键所在。

第7章

高效执行：小团队，最重要的是推动执行力

7.1 执行力不佳的原因：是人的问题，还是事的问题

某企业因为经营不善导致破产，后来被一家财团收购。厂里的人都在翘首盼望财团能带来先进的管理方法。出乎意料的是，他们只派了几个人来，除了财务、管理、技术等要害部门的高级管理人员换成了财团员工外，其他的根本没动。制度没变，人没变，机器设备没变。财团方就一个要求：把先前制定的制度坚定不移地执行下去。结果怎么样？不到一年，企业就扭亏为盈了。财团的绝招是什么？执行力，无条件的执行力。

执行力不好的原因是多方面的，有人说是人的问题，有人说是制度问题。经过总结，我们发现以下八个方面是造成企业执行不力的主要原因，如下图所示。

执行不力的八大原因

1. 战略不清晰

没有清晰而专注的战略，今年一种战略，明年换一种战略。工作总目标不明确，不清楚公司的发展方向。同时战略目标不能很好向下进行分解，员工或许只知道管理者要求的总体目标是实现增长率百分之多少，但是具体到自己身上目标是多少？应该怎么做？员工根本不清晰。

2. 公司价值观模糊

公司只有在清晰而正确的价值观引导下，员工才能自觉规范自己的行为，避开价值观所设定的红线或雷区。如果公司没有清晰的价值观体系，员工的行为由于缺乏精神支柱而变成“算盘珠子”，拨一下动一下，甚至对公司的决策也是阳奉阴违，或者不会去全力完成，而是任由事态发展，到时会找到各种借口来搪塞。

3. 岗位职责不清晰

岗位界定不清楚、职责不明确，很容易造成员工没有清晰的工作职责范围，抓不住工作重点。虽然是小团队，但是依然会出现互相推诿扯皮，或者相互不合作。岗位职责不清晰，考核标准不量化，很容易使员工在执行过程中感到困惑，且事后进行员工考核也没有好的依据。

4. 缺乏过程监控与督促

管理界有一句名言：“员工不会做领导期望做的事，只会做领导检查的事。”因此，没有有效的过程监控和到位的检查，在执行过程中遇到的问题跟踪不到位，问题就会拖沓延长，导致员工的执行力大打折扣。

5. 制度与流程不完善

制度与流程不完善是导致员工执行不到位的另一个重要原因，如果缺乏顺畅的流程及完善的制度，很多工作的沟通协调成本或大幅上升，员工工作效率下降，自然执行力不强。

同时，有效的奖惩制度是促进员工高效执行的源动力之一。在企业中，做得好没有奖励，做得不好也没有惩罚，一方面打击了做得好的员工的积极性，另一方面助长了做得不好的员工的惰性。

6. 员工能力无法胜任岗位要求

当员工能力达不到岗位要求时，自然执行的效果就会大打折扣。所以在招聘与培育员工时，要提升员工的“人岗匹配度”和“岗位胜任力”。只有当员工“愿干”并且“会干”时，员工执行的效率与结果才会更好。

7. 沟通渠道不畅通

团队良好的沟通氛围是促进员工快速执行、高效协作的重要保障。如果团队沟通渠道不畅通，就容易造成内耗，从而降低执行力。

一种是从上往下传递的渠道出现问题，当高层制定的政策中涉及不利于小团队管理者的利益时，管理者出于本位主义而使信息传递不全或走样，结果到员工执行层面就会大打折扣。另一种是由下而上的信息反馈通道出现问题，基层人员在执行中碰到的问题没有及时向上反映或在管理层遭遇障碍，存在的问题得不到及时处理和解决，最终不畅通的渠道削弱了执行力。

8. 领导者的管理不到位

领导者的管理水平与个人魅力是提升团队执行力的一个重要维度。一个团队的文化实质上更多依赖于团队最高级领导者的文化。

作为领导，必须要具有极强的人格魅力。这种人格魅力表现为三个能力，第一个能力是“画图能力”，就是说领导要有远见，要在员工看不到光明的时候，他能发现曙光；在困难重重的时候，他能给员工带来信心和信念，能给员工描绘出未来发展的蓝图。第二个能力是创富与分享的能力，员工对领导的敬重往往来自他的这一能力。第三个能力是平衡能力，领导每天都会面对很多事情，要公平、公正地去处理问题，不然就会在员工心中产生对领导的不信任，而不信任带来的后果是执行力低。

要强化一个团队的执行力，必须从制度的制定者到制度本身都进行加强，还要充分考虑到环境对执行者意识、心态的影响，最终还要对执行者进行正确的引导，才能使一个规定得以顺利地贯彻执行。靠制度约束可以让执行者做到60分，如果注重了执行力的强化，同样的人、同样的条件、同样的方法，可能会取得80分、90分的效果。

7.2 统一共识：从目标方向到落地执行

在畅销书《小王子》中有这么一句话："如果你想要造一艘船，先不要急着雇人去收集木头，也不要分配任务，而是去激发他们对大海的渴望。"这是在谈执行力时经常被引用的话，这句话不外乎两层意思：一是以兴趣激发生产力；二是以对目标及愿景的共识达成行动力。

在我们确定了团队最关键的目标后，要想持续打造良好的团队与执行力，需要与团队成员达成更广泛的共识，因为只有在获得更多认同的情况下，我们的团队才会更"心甘情愿"地去执行某项计划或事项，最终达成最关键目标。

现在就让我们把话题锁定在那些需要达成共识的执行计划与事项上，从那些急于做出决定的原因开始讨论如何达成共识与提高执行力。

1. 目标执行的克星——急于做出决定

一次营销组织的架构调整，你刚说出自己的想法，就可能有人对你提出激愤的异议。因为你事先并没有与利益关联方讨论并获得支持。

一次薪酬绩效考核指标的调整，你在会上还没宣讲完，就有人开始拉帮结派要反对。因为你可能因为只关注组织的利益，而忽略了被考核人的感受和共识。

一个促销活动的计划，结果可能就是被束之高阁得不到执行。因为你可能既没有听取团队成员的意见，也没有从其他相关团队那里获取建议，完全忽略了实际情况，或者是没有考虑到是否做过、效果是否理想的问题。

明显的是，当你未就某项计划或事项达成一致的时候，难免会在执行中遭遇以下四个问题。

其一，团队成员不理解，减少了员工执行的意愿和兴趣。

其二，忽略了团队成员的感受和主观能动性，让做执行的人有了“打酱油”的感觉和利益被忽视的感受，破坏了执行的生态，容易造成负面的执行态度。

其三，执行中，消极执行与曲意配合，致使执行过程及意图走样，中间容易滋生影响执行绩效的问题。

其四，在你做出的执行决定中，更容易出现本身就缺乏执行可行性的计划或事项。

可是，这些问题到底是因为什么出现的呢？有如下几点主要原因。

（1）团队管理者认为就某个决定达成一致意见，需要耗费太多的时间和沟通成本。

管理者做出的任何一个决定，小的决定可能使团队成员的阶段性工作重心、职责或利益发生改变，可能让几个需要配合的部门产生冲突；大的决定可能直接影响到整个企业的兴衰。可见，如果我们就某个决议在内部谋求一致意见的话，可能需要与这个决议有直接牵连的方方面面的人物进行沟通。而这，当然是需要一定的时间和沟通成本的。

除此之外，在我们做出某个决定或颁布执行命令的某个时候，我们总是有着“越快越好”的习惯性认识，这又势必会让我们产生紧走快跑、无须花太多时间沟通的意识。

（2）担心和害怕看到在达成一致意见的沟通过程中出现“烦人”的异议，从而以权力的意志、地位的权威在颁布命令的时候征得表面的同意和执行。

不同的人看待同一个问题，都可能因为眼界不一、角度不一、知识结构不一、利益牵涉程度不一，而有着不同的意见。也就是说谋求一致意见的沟通，即是一个获得认可和支持的过程，也注定是一个可能存在百家争鸣的过程。

而对大多数管理者而言，不论有着多么民主的议事风格和多么开放、包容的心态，异议多少都是有点刺耳的。因为，没人想听反对的声音。

（3）“我是老大，我做主”的老大意识在作怪，甚至忽略了团队成员的利益诉求。

我是这团队的管理者，我就是老大，做出某个决定的时候，去不去征询其他人的意见又有什么关系呢？这种思想潜伏在不少管理者的心里。

反映到具体的工作中的时候，我们通常会不自觉忽视团队成员的主观能动性和创造力，一旦和权益产生冲突，团队成员及渠道商们是否会在执行过程中全力以赴就需要打个问号了。

（4）养成了认定某个结果后谁也无法改变的强势决策风气。

你如果是这样的管理者，你说什么、你做出什么决定，你的团队成员都可能只知道点头称是，逐渐你就可能产生和继续强化“让下属们来参与决定和完善自己的决定”是靠不住的意识。

在这种情况下，我们自然会淡忘掉某个决定达成一致的想法。即使有，那也可能是走走过场，看看下属们围在会议桌边冲你点点头而已。显然，出现这种情况，还和决策过于依靠个人、决策程序不规范有着关联。

2. 快捷高效的达成共识方法

如何在尽量不影响决策敏感度和及时性的情况下，高效低成本地达成一致意见？

（1）尽量达成一致的意见，并非让你去取得绝对的认同，而是为了让决定更科学、安全，并赢得更多认可、理解和良好执行的土壤。

之所以这样讲，是因为摒弃位置、眼界、经验不同等因素，要让团队成员抛开一切顾忌和自己争长论短，要让他们中与某个决定有着直接关联的人都认为自己的决定是正确而有远见的，在许多时候就是一件几乎不可能的事情。

但根据研究，事前的充分沟通，却有利于“求大同存小异”；有利于让他们更为充分地了解自己所做出的某个决定的背景和必要性，及其是如何权衡利弊得出最优方案的，并达成尽量一致的共识。这种共识更加有利于减少因大家不完全认同某个决定的具体内容而可能带来的执行阻力，从而使某个决定的执行顺畅度和绩效得到更多保障。

（2）换位思考。

有些事是大家一说就明白的，即不是任何事都需要详细的说明才能达成一致意见。为此，你应该站在团队成员的角度，去审视自己的决定，看哪些东西是需要和他们进行更为充分的沟通，以提高管理绩效。

（3）被人了解。

在日常的工作中，营造更多的机会，让团队成员了解自己、相信自己，认知我们的能力和考虑做事的立场与准则。所谓水到渠成，有了这样的铺垫，我们的想法就能够更容易被他们所接受和认同。

（4）用好关键人。

不一定要和所有与某个决定有关的人物进行沟通。许多时候我们的决定通常被一些人所接受，而被另外一些人所不认可。在这种情况下，我们可以发动接受自己决定的人（有时，你甚至还可以让同意自己某个决定的上层出面）一起来影响存在异议的人。即使是我们自己亲自上阵，我们也只需要在持异议的队伍中找到那几个身份及能力相匹配的关键人物进行沟通。如此，沟通过程及成本会得到有效的缩短和减少。

（5）事前沟通或在决定中烙上执行者的印记。

没有几个人会自己反对自己，我们可以让和某个决定有着直接关联的人一起来参与决定，让这个决定烙上这些人的印子。比如在调整薪酬绩效考核体系的时候，先和某些骨干成员小范围探讨；在出台宣传计划的时候，将方案发给骨干成员代表提参考的意见。

（6）为不足打“补丁”。

自己找出这个决定中的不足之处，并事先为它们打上“补丁”，如有必要，我们还可以将自己前期所思考的解决某个问题的多个备选方案抛出来，告诉大家自己是如何权衡利弊做出决定的。

（7）一些人会按你说的做，但更多人会按你做的做。

无论是针对自己的团队还是其他合作团队，一旦我们在某项决定上以身作则往前迈出一步，展现出足够的决心和保持足够的压力，也有利于在执行中达成共识。

（8）规范决策程序。

让自己的决策程序更加合理与规范，而不是死拽住“老大”的帽子刚愎自用，同时，我们还应该小心自己的权力被某些夹杂私心和不良企图的人所利用。一个决定一旦掺杂了某些人的私心，就可能致使我们的管理链失衡。如此，遭遇阻力，并因此产生破坏性因素，就在情理之中了。

7.3　把握过程：科学的过程追踪是执行的关键

当团队关键目标和计划布置下去后，如何更有效地保证执行结果呢？我们需要做到不停地追踪过程。缺乏对执行过程的追踪，执行就没有保证。IBM 前总裁郭士纳认为：“如果强调什么，你就检查什么；你不检查，就等于不重视。”按照管理学的原理：人总是做你考核、检查的事，而不是你希望他做的事！

目标管理是一种让成员明确目标，并通过全面、有效的管理方式促使成员达成各自的分目标，最终实现总目标的管理技能。

作为小团队管理者，必须树立“有任务就有追踪”的理念。总之必须有追踪检查人，否则就停止执行。追踪检查的目的是让大家树立“执行心态”，关心团队成员“有没有困难、有没有进展、有没有痛苦、能不能解决问题——要主动支持”。在这里，我们更加强调真正有经验的管理者是抓过程的，他不是对下属工作的简单监视与部署，也不是对其行动采取严厉控制的手段，而是协助下属解决在目标执行过程中所遇到的困难，使其一直处于工作的正常轨道上，按时保质地完成目标。如果中途发生了偏离，还可以通过过程的追踪及时把偏离的方向拉回来。

如何做到科学地把握过程呢？根据管理大师彼得·德鲁克的观点，目标管理所要达到的两个核心目的：一个是激励，一个是控制，通过设定目标对整个组织的行为进行控制。因此，我们要做的不仅只局限于定目标，而是要调动所有的资源，围绕着业务的整体目标往前走，对工作进行持续地追踪。

1. 制订工作计划，明确过程要点

计划是实现目标的行动方案，是目标落实的具体步骤。计划是基于可能发生的各种假定情况，所规划的通盘对策；是将来采取行动时所需的步骤；并必须是用书面写出来的内容。

（1）制订计划关键注意事项。

①计划要素一定要想清楚、写清楚、说清楚，特别是目标、成果、责任、指标等。

②调动所有相关者参与制订计划。

③确定计划前要充分沟通。

④每个计划事项必须确定要求和标准，特别是对成本的考虑。

工作计划表，如下表所示。

工作计划表

主要工作内容	目标	策略 / 行动措施	责任人	完成时间	资源支持	费用预算	备注

（2）制订计划的基本要点。

①目前的情况：现在所处的位置。

②前进的方向：做什么，向哪里前进。

③行动措施：需要做什么才能达到。

④人员责任：谁来做。

⑤开始日期、结束日期。

⑥阶段性反馈，突发事件的处理程序。

⑦预算成本。

阶段性反馈又称为里程碑，指每完成一个阶段的任务后，都要衡量完成的情况。可见，所有的计划、任务都要求分阶段检查、反馈，这样就能在发生偏差时及时纠正。另外，制订的计划还要包括突发事件的处理程序，以便把突发事件变成例行工作。

（3）每月工作计划。

下表所示是麦肯锡公司为职业经理提供的每月工作计划表。

最上面是个人基本信息，主要包括以下几点。

①部门。

②计划的期间。

③填表人。

④日期。

第二排是计划的主要内容。

①工作重点、工作目标、具体行动步骤和每个步骤所对应的责任人。

②完成期间，即计划开始和结束的时间。

③最后是所需要的资源，包括人力、物力、财力等。

麦肯锡公司职业经理人每月工作计划表

部门：　　　计划的期间：　　　填表人：　　　　日期：

工作重点	工作目标	具体行动步骤	责任人	完成期间	资源支持

（4）结果管理与过程管理。

在谈到目标管理和计划管理时有一个问题需要大家注意：哪一个管理层级应该做结果管理？哪一个管理层级应该做过程管理？经过分析，我们发现层级不同，管理的内容也不一样，具体如下表所示。

结果管理与过程管理的分布

管理层次	管理内容	时间跨度
董事会对总经理	结果管理	一年
总经理对部门经理	结果管理	一个月
部门经理对下属主管	过程和结果管理	一周到一个月
主管对员工	过程管理	一天到一周

总之，不同管理层级的管理方式不一样，时间跨度也不一样。管理者必须清楚自己对下属应该采取什么样的管理方式。

2. 合理细化目标追踪动作

（1）实施目标追踪的目的。

①实施目标追踪可以衡量工作的进度及其结果。

②可以评估结果，考察目标完成的效果。

③有利于对下属进行技能训练和指导。

④追踪中发现严重偏差，要分析原因。

⑤能及时纠正偏差，对计划进行修正、变更。

⑥对目标的追踪应集中于工作成果、工作方法和品质。

（2）计划追踪的方法。

①收集信息。

可以通过个人工作报告、客观数据报表、会议追踪、陪同观察、实地考察、他人反映、座谈会等形式收集信息。

②评估。

对收集的信息要进一步整理、分析、比较，然后选择有效的方法，按照重要性原则进行评估，再根据评估结论衡量计划的进展。如出现偏差，则要找出引起偏差的根本原因，采取相应的纠正措施。

③反馈。

将评估的结果反馈给责任人，使其了解自己的工作表现，寻找改善的方法。切记不能只报喜不报忧。

在计划追踪的过程中，我们鼓励上级领导越级检查工作，到基层去了解实际情况，获得第一手资料。但是不要越级指挥，以免造成工作混乱。

（3）追踪工作的误区。

追踪工作中会有一些误区，如以下几点。

①在追踪工作中，我们使用的资料、数据有偏差。

②可能因为种种原因没有把追踪工作进行到底。

③没有制订计划、采取有效的手段。

④团队管理者的态度和行为也可能存在误区，如某主管对一些员工有偏见，对他们的工作进行过于紧密的追踪，或者只对绩效差的员工做追踪，或者只对绩效好的员工做追踪，这些做法都会引起员工的不满，甚至产生逆反情绪。

（4）克服下属的抵触。

在实施目标追踪的过程中，下属难免有一些抵触、对抗，对这种情况应该正确处理。

①通过沟通或教育使下属了解有效追踪的必要性。

②使员工明白追踪是帮助的方式而不是监督，追踪的目的是完成计划、实现目标，而不是盯梢。

③在设定目标、计划工作、跟进追踪及纠正改进的时候，让下属亲自参与。其目的是赢得他们的理解和支持，并帮助他们成长。

④对事不对人，保持公正、冷静、客观的态度。

⑤不要以权威和命令的方式来追踪。

⑥对下属遇到的困难给予理解，并协助解决。

⑦对比较困难的问题要保持适当的弹性，不能求全责备、随意批评、埋怨，要记住我们的目的是解决问题。

（5）跟进控制的步骤。

跟进控制：比较实际成果和预期目标，并于必要时采取更正行为。它主要有四个步骤。

①订立标准。

②度量员工的表现。

③比较员工的表现和标准的差距。

④纠正行动。

如果表现和标准有差距，就要及时修正；如果没有，也要做一些适当的反馈。

（6）总结：确定影响进度的因素。

下面了解一下在工作计划的执行过程中，有哪些因素容易影响工作进度，对这些因素要给予充分重视，提高警惕。

①员工表现：找出员工不尽全力的原因，激励员工或更换人手。

②技能不足：技能不够熟练，需加强训练。

③人手不足：提高效率或增加人手。

④任务程序：改善、简化或创新程序。

⑤进度指标：重新调整进度使指标水平与资源、目标等相配合。

3. 持续追踪并把目标晒出来

追踪过程是一个系统性的工作，追踪过程是当一个管理者定了目标之后，是否每天都在看团队完成的情况，是否知道客户对我们的服务满意或不满意，这些可能便于你在追踪过程中调整策略，调配兵力，让组织完成目标。所以，追踪过程的关键是我们不单要持续追踪，并且要把它晒出来。

在阿里巴巴，目标方向、组织能力、衡量指标的信息（上下左右）、今年的关键议题重点是什么、与我有什么关系、客户价值实现链路中不可缺少的协同伙伴是谁、我可以成就他的是什么等这些内容都可以晒出来。

晒出 KPI 来，把“团队目标 + 个人目标”以邮件、短信或者在周会中晒出来，联合个人力量，形成团队气场。晒出目标来是为了再次激励和公开承诺。

晒 KPI 是阿里巴巴常用的方式。比如，在“双十一”的场景中，从业务的角度来说，业务经理要讲清楚自己的部门在“双十一”中，到底要创造什么样的价值？目标是什么？解决路径是什么？往下逐步一层一层地往下晒。

晒清楚之后，员工自然而然就知道他的工作是跟哪个目标有关联的。

晒目标的作用也不可小觑，除了能够为大家明晰自己的目标，晒目标晒出的最终创造的价值也可以为员工带来成就感，进而激发大家的工作热情。

2016 年阿里巴巴“双十一”的主题是国际化、全球好货的消费升级，阿里巴巴的国际团队基本上每天都会搞活动，动员大家从各个角度去挖掘好的商品，并讲清楚这个商品到底好在哪里、能为消费者带来些什么？通过这种好玩、有趣的活动，让他自己感受到工作是有价值的，能够给消费者带来更好的体验，产生一种满足感。

当然，晒 KPI 是为了更好地追踪目标，那么为什么要追踪？

通过追踪能掌握业务目标达成进度，发现工作中存在的问题，有效辅导员工，并且发现亮点。

4. 辅导员工完成关键指标

追踪过程，需要持续改进和反馈，除了确定目标，还需要知道如何分工，在实施过程中团队遇到的各种问题、理解或者不理解、快或慢，一定要追踪每个细节和过程，前面越清晰，越知道问题在哪里。

在执行过程中，阿里巴巴的策略是开晨会，每一个最小单位都要求每天开晨会。现在很多公司都有开晨会的习惯，晨会的目的是便于让主管和团队、相关同事之间，了解彼此前一天做了什么、今天的新计划和安排。同时，也可以让团队成员知道你的伙伴有什么需要帮助的，他是不是有一些项目被延迟了，我们能不能帮助他。

跟踪辅导需要掌握两个要点。

（1）锁定关键节点，问思路、问路径、问进展、提建议、做辅导。

（2）因人而异、因材施教。

HR 作为跟团队最亲近的人，是最能体察团队中风吹草动的人。根据观察到的近况、别人主动反馈的情况来及时处理，越容易出问题的人越需要检查细节，同时建立反馈机制（周报，月报，项目周报，月度述职），多走动，多观察，少干预，适时提醒，苛求于过程，但是一定要释怀结果。

常见的几个误区有："时间点到了才去检查""只跟进时间点，不跟进关键细节""不论大小事，都检查到细节，一发现问题就批评和打断"，这些都是错误的方式。

我们要注意的是：计划实施的主角是员工，过度的干预和打断不利于执行，会让员工束手束脚，所以，追踪过程应该抓住重点，在不影响项目推进的情况下，允许员工犯小错。

在追踪业务过程中，我们要多管齐下，真正实现了 1+1>2。通过追踪过程，掌握业务目标达成进度，发现工作中存在的问题。

7.4 有效控制：制定制度和规范保障执行结果

当我们把目标、共识、过程追踪都做到了之后，是不是执行的结果就一定不会出现偏差呢？答案是不一定。因为在过程中还需要控制来发挥作用。控制本身也是一个过程，通过这个过程，小团队管理者能够确保实际的执行符合计划。通过这个过程，管理者能够更加明确目标与计划本身，最终使整个过程与目标和计划保持一致，做到这一点，才能够说小团队真正达到了高效的执行。

1. 有效控制的四个习惯

有效控制包括绩效考核制度、报酬和奖励制度、员工纪律制度、目标管理制度、预算和管理信息制度、生产和操作控制制度等，其基础是全面预算管理。有效控制，是小团队管理中执行力推动的最重要的部分。如今大部分团队和企业都在实施全面预算管理，但是真正要取得成效，还需要有四个习惯的改变，如下图所示。

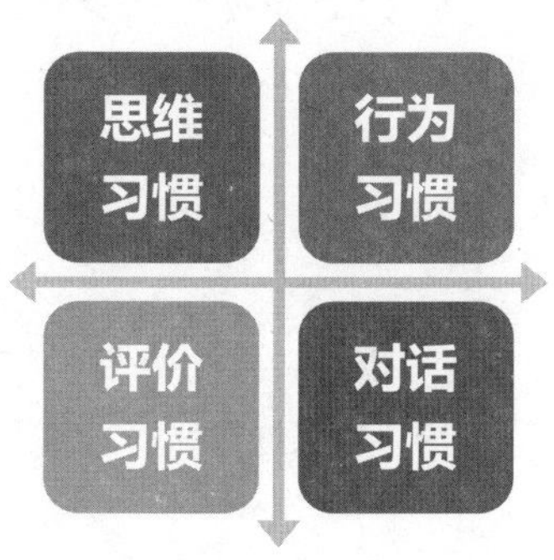

有效控制的四大改变维度

（1）思维习惯。

要做有效的控制管理，首先是思维习惯的改变，就是不要把预设的目标和计划，特别是将预算看成是财务工作，也不要把预算看成是编制工作，预算其实最重要的是你的思维习惯。预算设计目标不是用已完成的数据做起点，而是要以战略为起点，如果做不到这点，控制管理就无法达成。因为你的预算不以战略目标为起点，这本身已经和目标产生偏差。所以思维习惯要改过来，预算起点是战略，它与环境、行情、历史没有关系，它与目标有关系，与你的梦想也就是战略目标有关系，所以叫“预则立”。

（2）行为习惯。

在不断观察中国企业的一些管理习惯过程中，发现有三个行为习惯很有意思。

第一个行为习惯是比较喜欢看历史，总是评估与去年比增长了多少。查阅优秀企业的案例，发现这是不对的，其实应该是与行业平均增长水平比较，与竞争力基准去比较，绝对不会与自己去年所做的结果比较。行为第一个改变，就是不要同自己的过去比，要同市场当中的竞争力比较，同行业平均水平去比较。

第二个有意思的行为习惯是：大家不习惯去找实际数据与目标和计划之间的关联。如果不知道实际情况与设定目标、计划之间的关联，又如何保证计划与目标能够得以实现呢？所以要很清楚地知道自己在做什么。如果要求市场占有率增长，核心关键要素是什么？知道这些之后，行为就会跟着变，当改变的时候，就会很清楚地知道预算、考核是拿来干什么的。

第三个行为习惯非常关键，叫作全面预算管理，一定要让所有的资源放在产生价值的地方去，放在实现计划与目标的方向上去。换句话说，不产生价值的地方，不与目标和计划相关的地方，不应该给资源，只有这样预算才是有用的。

能产生效益的时候才动用资源，要有这个能力和行为习惯，要有这样的控制习惯。

（3）评价习惯。

控制管理第三个要改变的就是评价习惯的改变。在经营当中，管理者会简单地用财务指标做评价，而不是用经营标准做评价，只是满足于财务指标的理解，却忽略了计划与目标所设立的其他标准。有些时候，我也的确反对只谈论 KPI，人们在管理习惯上，只对 KPI 负责，似乎这样做也没有什么错误。但是，如果只考虑 KPI，就要求每一个需要关注的地方都需要进行考核，没有设立 KPI 的地方，大家就会忽略，这样的评价习惯，导致控制出现偏差。因为管理过程中并不是所有的要素都可以纳入 KPI，相反，很多过程要素是无法用 KPI 来表达的，这也是为什么管理控制如此重要的原因，因为管理控制本身就是一个过程。所以，需要大家养成用目标达成、计划达成来做评价的习惯，要全面实施计划管理，不是仅仅只看 KPI 和财务数字。

（4）对话习惯。

控制管理，核心是组织上下要养成同一个对话体系，用共同的标准来对话。我非常建议企业进行全面控制管理，为什么？因为这样就有共同的对话体系了，大家讲一样的标准、关注共同的要素、有相同的认知。这样可以让整个经营管理进入一个非常容易理解的状态，这种理解会达成共识，有了共识就可以解决问题。很多时候企业无法达成一致，你说你的，我说我的，并不应该完全归结为企业文化的问题，也许是并没有形成共同的标准，无法用一套相同的评价体系来做出评价。如果标准缺失，评价不一致，是无法对话并形成共识的，这一点显得尤为重要。

进行有效的管理控制，需要这四个习惯的改变，就是思维习惯、行为习惯、评价习惯与对话习惯的改变，我希望管理者能够彻底改变。同时我认为一家企业能够真正做好的共同基础，就是预算与控制。

2. 控制的负面反应与应对

（1）控制的负面反应。

管理控制虽然极为重要，但不适当的控制会带来极大的伤害，无论是对组织还是对个人。有哪些情况会导致不适当的控制呢？

第一，设立了不可能实现的标准。很多管理者不理解设立不可能实现的目标，反而会让管理失控。管理者因为自身的能力以及影响力，常常会为组织设立非常高的目标，这些目标在其管理团队看来是根本实现不了的目标。但是管理者却并未察觉到这一点，依然坚持这些高目标，结果导致对组织持久的伤害。

第二，在企业内部存在着不可预测的标准。所谓不可预测的标准，是指这些标准无法量化，处在一个动态结构中。换个角度说，一些企业管理者习惯于不断调整标准，表面上看似乎与外部变化的环境相适应，事实上却让标准变得不可预测，一个不可预测的标准是无法对工作做出指引和评价的。

第三，对情境缺乏控制与影响。控制本身需要能够对情境做出判断，并影响情境有利于组织目标的实现，或者计划的推进，如果管理者本身已经无法对情境做出判断，也就失去了对情境的影响，从而无法做到控制。

第四，自相矛盾的标准，这也是让人非常可惜的一种情形。有些企业存在着自相矛盾的标准，比如一方面希望企业能够稳健经营，另一方面又提出要有超乎寻常的发展速度。往往遇到这样的情形出现，员工只有按照经验或者个人的判断做出行为选择，其结果也就可想而知。

下面我们就来看看员工对于控制的负面反应。

①认为绩效目标 / 标准是“压力工具”。员工会认为管理者用绩效目标或者预算来施加压力，以迫使下属达到预算目标，完成绩效。在这种认知下，员工会制订狭窄、短视的决策，以求达到预算的目标，忽略组织的目标以及计划，只为当前或者眼下考虑。如果要纠正这一负面反应，需要做到两点：第一，内在和外在控制并重；第二，共同设立绩效的目标 / 标准。

②本位主义，不顾大体。员工只着重于他们自己的任务或目标，忽略了宏观的组织目标。每个人都是本位地思考、解决问题，站在本位的立场上去接受管理和控制。纠正的办法：必须让使用的绩效标准包括所有重要的方面，同时员工的奖酬要与整个组织的绩效挂钩。

③过分重视短期因素。员工会看重成本和利润等短期因素，在这上面花费心思并取得成效，但是忽略了声誉及信用等长期因素。比如为了短期绩效，

不做市场投入，不开发新客户，不培养年轻人。纠正的办法：使用包括短期和长期因素的全面的绩效标准。

④过分强调容易测量的因素。这个现象尤为突出，比如工作只围绕着 KPI 展开，看不到的或者不容易测量的因素就忽略不计。员工们对利润、销售额以及成本等因素非常在意，但对于服务、工作质量等不容易测量或者定量的因素就没有那么在意。纠正的方法：控制系统必须强调过程和结果，而且要特别关注过程及不容易定量的因素。

⑤隐蔽信息。员工为了保护自己，会采用隐瞒信息的方式来面对控制。比如处于竞争状态的管理者未能客观地评估彼此的预算需求，所以员工夸大预算需求，因为他们预料领导将会削减他们的预算。又如将自己部门的不良绩效归罪于其他部门，生产部门的经理责怪研发部门不实用的产品设计等。纠正的方法：注意评估预算需求尽可能贴近市场，同时，不要任意地削减预算数目。

⑥躲避和抵触控制。这种情况分为三种行为：第一种是僵硬的官僚行为，喜欢用符合控制标准的行为来掩盖自己，有不惜一切代价以取得成果的想法。第二种是进行策略行为，提供信息使自己在某一时期看起来表现好，如在年底加速获取客户。第三种是申报无效资料，提供错误、无效的资料，如销售人员在报告中虚报子虚乌有的客户。纠正方法：使用一套更完善的标准，采用周期性的进程报告，以及不要过分地依赖控制报告，并对提供错误资料的行为给予处罚。

以上 6 种情形都是员工对于控制的负面反应，以及对于这些负面反应如何纠正的方法。对于控制的负面反应是需要认真对待的，因为这些因素对于控制的伤害是显而易见的，必须加以纠正。

（2）防止负面反应的方法。

仅仅是依靠纠正负面反应还不足够，因为更重要的是防止出现控制的负面反应，只有这样，才可以真正达到控制的效果。防止负面反应可以从以下 7 个方面入手，如下图所示。

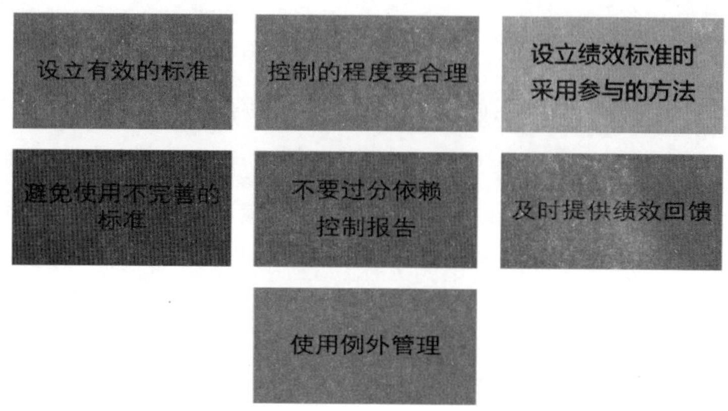

防止负面反应七法

（1）设立有效的标准。所谓有效的标准，指标准是相关的、公平的、可以达到的（高标准，但不是高不可攀）、具体的。

（2）控制的程度要合理。在强制控制和自我控制之间求得平衡。

对于例常的、机械的任务可以较多地控制，比如规定或者程序可多一些，经常地监督和控制，既看过程也看后果；对于有机的或者有风险的任务（例如，管理研发部门），控制要少，主要集中在结果上。

（3）设立绩效标准时采用参与的方法。适用于经理缺乏了解和经验的复杂事项；确保标准是相关的和公平的；参与的人，本身可以是做决策的人。

（4）避免使用不完善的标准。绩效标准应包括所有重要的绩效层面。

（5）不要过分依赖控制报告。预算和品质控制报告是有用的，但是它们只提供了选定的控制点的部分信息，例如，利润或废品数量。需要使用其他方法，例如，亲自去现场视察。

（6）及时提供绩效回馈。及时、经常的回馈有助于提高士气和绩效；当绩效标准较高时，可加强回馈的正面作用。

（7）使用例外管理。对细微的失误不要反应过度；着重于严重的错误和异常情况。

有效的控制需要防止负面反应，以上 7 个注意的部分，需要管理者认真去理解并贯穿在日常工作中。很多时候我们在谈论管理控制的时候，会比较在意事前控制、事中控制，以及事后控制。我并没有从这三个方面来讨论控制，因为在我看来，控制需要从事前、到事中、再到事后，全过程控制。有人认为事前控制最重要，也有人认为事后控制可以少走弯路，但是我觉得这样分阶段来强调重要性的认知都不妥。必须真正做到全过程控制，才能够达到控制的效果。

管理专家彼特・史坦普曾说："成功的企业领导不仅是授权高手，更是控权高手。"我很同意这个观点，管控也许是大家习惯的说法和做法，但是真正需要做到的是授权与控制的双向互动。

第8章

解决问题：善于做团队发展过程的问题终结者

8.1 快速适应并看透问题，训练敏锐的反应力

有许多团队管理者只知道整天抱怨：“团队就是一个烂摊子，不断发生这样那样的问题。”须知没有问题的公司是不存在的，没有问题的团队也是不存在的。

2020年罗振宇在跨年演讲中讲道：“我们已经从电梯模式进入了攀岩模式”，“我们不是要克服困难，而是要习惯困难。”如今，不确定性已经成为生活的常态，最新的量子力学的观点认为，整个社会是一个确定与不确定并存的世界。作为管理者，想要识别不确定性，一定要对变化敏感，要用变化的眼光看问题，训练自己敏锐的反应力。

电影《教父》里说：半秒钟就能看透问题本质的人，和一辈子也看不透本质的人，注定是截然不同的命运。这就是底层逻辑的魅力。所谓底层逻辑，就是从事物的底层、本质出发，寻找解决问题路径的思维方式。底层逻辑越坚固，解决问题的能力也就越强。

但要做到这一点其实非常难，需要我们管理者不断地实践与反复修炼，甚至有天赋的成分，所以并不是人人都能做到这一点。虽然很难，但仍然是我们努力的方向。我在这里给大家总结了快速看透事物底层逻辑的常用五大思维，如下图所示。

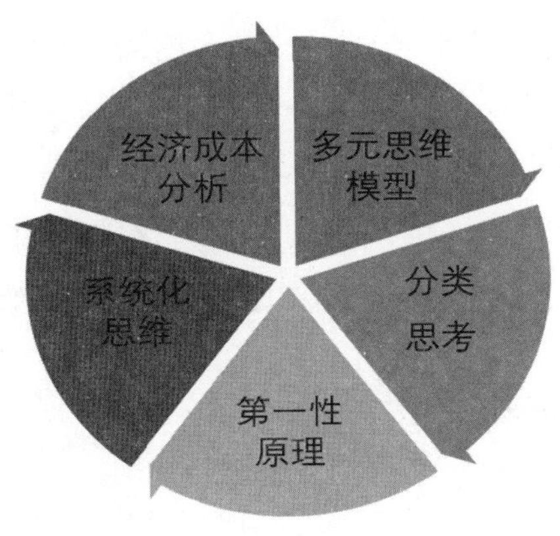

快速看透底层逻辑的五大常用原理

1. 学会拥有多元思维模型

多元化思维，简单地说，是集中了众多学科知识后而形成的一个思维模型复式框架。它是一系列解决问题的框架组合，揭示了事物的规律。多元思维模型的概念由巴菲特的合作伙伴查理·芒格提出，用查理·芒格的话说，所有能够持续有效解决问题的策略，都可以称之为模型，当这些模型集合一起就形成了多元思维模型，这能有效避免我们解决问题时只依靠头脑中的单一学科知识而带来的弊端。

比如，任正非在 2012 年华为公司的会议上，提出用物理学的“熵”概念来指导公司经营，后来又引入物理学的“耗散结构”指导公司管理；在制定组织战略时，任正非又提出了要借鉴当年李冰建造都江堰的“深淘滩，低作堰”的理念。

我们会很好奇，在经营企业、面对未知风险时，为什么任正非会引用这些无关企业发展的概念呢？其实任正非在做决策时已经超出了绝大多数人常用的经验决策法，他选择了各个学科中最重要的基础原理和规律来做决策，而这些被反复验证的其他学科的原理和规律有着非常实用的借鉴价值。

查理·芒格曾说：“手中握有锤子的人，把世界一切问题看成钉子。”意思是说，当你有一件得心应手的工具时，你在面对任何问题，都不免想用这个工具来试试。而多元化思维模型讲究多元思维、跨学科整合，让我们学会看问题多角度，运用各学科有用的基础原理和规律来快速解决问题。

简单来说，我们小团队管理者应多学习各种常用模型和工具，每个管理者至少应掌握 10 个以上的思维模型和工具，比如我们常用的 SWOT 分析、鱼骨图、甘特图、二维四象限模型、5WHY 分析法、思维导图、六顶思考帽。

2. 分类思考，类别清楚不出乱

分类思考包括分析问题时善于运用分类法，快速梳理问题；解决问题时，善用模块化思维，分模块快速解决问题，如下图所示。

分类思考在问题分析与解决中的运用

（1）分析问题：分门别类，忙而不乱。

当我们遇到问题时，我们首先应快速将问题进行分类，按照不同的标准，我们可以将小团队管理工作中遇到的常见问题做如下划分。

①按时间维度划分：发生型问题（过去）、发现型问题（现在）和设定型问题（未来）。

②按人与事的维度划分：有关人的问题、有关事的问题。

③按内外部维度划分：团队内部的问题、团队外部的问题。

④按解决问题的可能性划分：目前可以解决的、目前不能解决的问题。

⑤按问题的重要、紧急程度划分：重要且紧急、重要不紧急、紧急不重要、既不紧急也不重要。

⑥按管理性质划分：组织问题、产品质量问题、研发问题、人力资源问题、

财务问题、流程问题、制度问题、后勤保障问题等。

当我们遇到问题时，运用分类思维，能让管理者快速厘清问题，并找到相应的负责人或负责部门。按照问题的紧急性和重要性进行划分，可以快速梳理出哪些问题是需要第一时间去解决的，哪些问题可以授权或外包去解决。

（2）解决问题：模块化，分而治之。

《孙子兵法 • 兵势篇》云：“凡治众如治寡，分数是也。”意思是说，管理很多人与管理很少人一样，是因为有“分数”，就是编制。比如，率领大部队和带领一个班一样容易，凭借的是“分数”，分数就是对部队编制，对人员进行模块化，十个人组成一个班，三个班组成一个排，三个排组成一个连……这样就能在战斗中让每个模块执行不同的作战任务。

我们在解决问题时也可以运用模块化的思维，大事化小，分而治之。这样不仅有利于问题的解决，还利于完成不同的任务，专业人做专业事，提高了工作效率，降低了成本。

比如，公司需要举办一场产品招商会，我们可以将其拆分为若干个模块。首先将招商会拆分为三个阶段：会前准备、会中执行、会后复盘，其次根据每个阶段的内容进一步模块化，如下图所示。

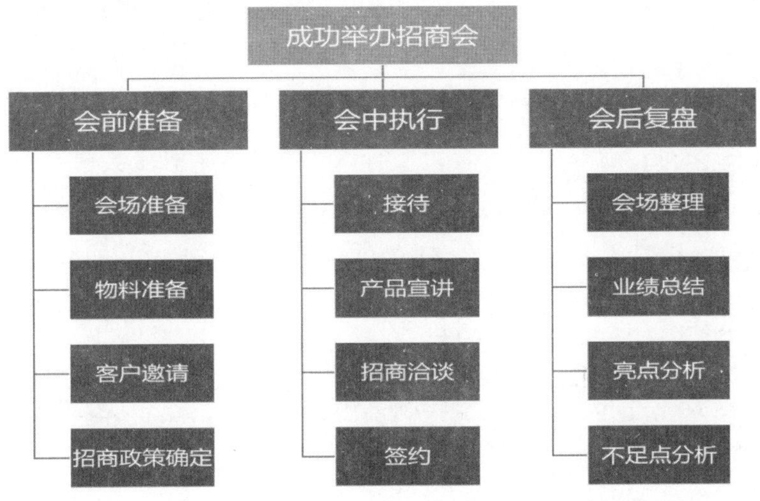

成功举办一场产品招商会的模块化分解

3. 第一性原理，回到原点看透本质

“第一性原理”是目前互联网创业界比较流行的一个词。对于第一性原理的定义，有这么一句话“第一性原理是超越因果律的第一因，且是唯一因，同时第一性原理一定是抽象的。”意思是说，第一性原理是事物唯一的源头，是抽象的，而且比因果律更高级。这个理论告诉我们，看透事物的本质，要把事物分解成最基本的组成，从源头上解决问题。

特斯拉 CEO 埃隆·马斯克可谓是使用第一性原理的高手，也是他让这个概念流行起来。在这个思维工具的帮助下，他改变了商业游戏规则，不断颠覆传统，造电动汽车、挖梦幻隧道，还要造火箭将人类送上火星。他运用第一性原理的思考框架是：打破一切知识的藩篱，回到事物本源去思考基础性的问题，在不参照经验和其他情况下，从物质世界的最本源出发，思考事物系统。

埃隆·马斯克在开发电动汽车的过程中，一些人说现在的电池组很贵，每千瓦小时会耗掉 600 美元，未来价格也不会低，很多权威人士声称电池行业技术发展已经到达了巅峰，也不可能用更低的成本生产出来。埃隆·马斯克却从第一性原理出发，他把电池分为各种金属元素以及其他成分，再对生产流程、产地、供应链每一部分进行优化，最终将电池组件成本降低到 80 美元 / 千瓦时。

开发火箭的时候，埃隆·马斯克思考的第一个问题是：组成火箭的材料有哪些？答案是：航空用铝合金，还有钛、铜和碳素纤维。第二个问题是：这些材料的市场价格是多少？埃隆·马斯克得到的答案是火箭的制作材料所花费的金额仅仅是火箭整体开发费用的 8%。这个比例如果和其他机械产品相比简直就是小菜一碟。从此以后，他便开始将“大大降低火箭的总成本”作为开发的根本问题。

第一性原理告诉我们，凡事找到事物的第一性，然后从本源出发，逐一分析，创新性解决问题。

英国某家报纸曾举办一项高额奖金的有奖征答活动。

题目为：在一个充气不足的热气球上，载着三位关系世界兴亡的科学家。第一位是环保专家，他的研究可拯救无数人们免于因环境污染而面临死亡的厄运；第二位是核专家，他有能力防止全球性的核战争，使地球免于遭受灭亡的绝境；第三位是粮食专家，他能在不毛之地运用专业知识成功地种植食物，使千万人脱离饥荒而亡的命运。此刻气球即将坠毁，必须丢出一个人以减轻载重，使其余的两个人存活，请问该丢下哪一位科学家？

问题刊出之后，因为奖金金额庞大，信件如雪片飞来。在这些信中，每个人皆竭尽所能，甚至天马行空，陈述他们认为必须丢下哪位科学家的宏观见解。最后结果揭晓，巨额奖金的得主是一个小男孩。

他的答案是：将最胖的那位科学家丢出去。

往往大道至简，从源头上来看，问题可能并没有那么复杂。比如，爱因斯坦只用一个公式“$E=MC^2$”便揭示了质能关系。但要找到这个源头并不是那么容易的事情，这要求我们透过现象看到本质，回到原点，找到问题的源头。

4. 系统化思考，深刻而全面

任何事物都处于一个系统中，都与其他事物有着千丝万缕的联系。系统思考就是用全局性、前瞻性、有序性来看待问题，重视事物之间的联系，把事物放到整个系统中来思考。而不是把事物看成一个孤立的、静止的个体。下面我整理出三种常用的系统化思考法，分别是：宏观微观分析法、三维思考法、结构化思考法，如下图所示。

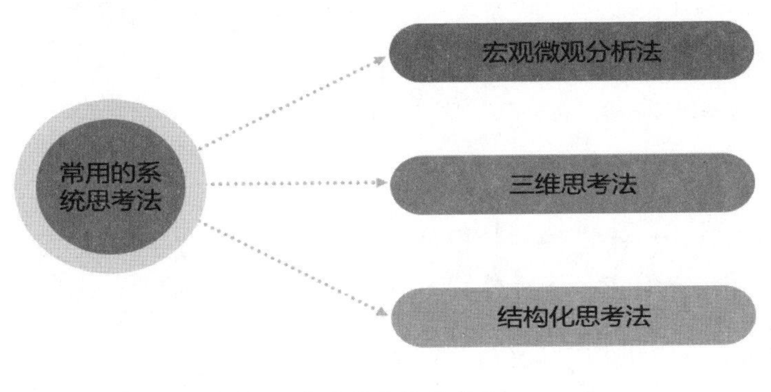

常用的系统思考法

（1）宏观微观分析法。

宏观微观分析法是从宏观事物的变化中，通过思考，找到宏观全局性的机会对微观局部产生的影响和联系，进而找到局部可实施的方案。

《隆中对》可谓是运用全局性系统思维的典范。首先，《隆中对》从宏观全局入手，对曹操、孙权的形势和荆州、益州的地理位置进行了详尽分析。其次，从微观局部分析入手，对刘备的优势进行了深入透彻的分析。最后，在宏观与微观的基础上，又分析了刘备集团要想成功的详细步骤：第一步占领荆州；第二步占领益州；第三步占领天下，形成三足鼎立之势；第四步，成大业，兴汉室。

因此，小团队管理者在思考一个问题时，不要陷入具体的、孤立的思考，而要结合行业环境、公司、其他部门、团队内部等综合因素来进行分析，由大及小或由小及大，这样才能让自己思考问题的格局更高，解决问题的对策更有效。

（2）三维思考法。

三维思考法是小团队管理者最应学会的思维智慧，它是中国式哲学的结晶。外国人喜欢用二元对立法看待事物，而中国人凡事喜欢讲究用“三维”来看待事情。

NLP（Neuro-Linguistic Programming，神经语言程序学）理论也认为：凡事应有三种以上的解决办法。任何一个问题不管它多复杂、多困难，解决的方法肯定不止一个。如果你只有一种办法那叫没得选择；如果你只有两种办法叫左右为难；只有你有三种或三种以上办法时，才能让你游刃有余。同时，我们在提出解决问题的对策时也可分上策、中策、下策。

一栋新楼投入使用后不久，物业部门不断接到投诉，业主们纷纷反映等待电梯时间太久，要求更换电梯，否则就要联合起来向媒体曝光。物业部门也不知如何是好，因为更换电梯的成本实在太高了。几天以后，物业部门想出了一条妙计，他们在每一层楼的电梯口处都装上一面很大的穿衣镜，从此物业再没接到过关于电梯的投诉。

对于案例中问题，平常我们的答案好像只有两种：换电梯和不换电梯。

如果换电梯，则成本太高；如果不换电梯，则会继续遭到业主的投诉。好像这个问题陷入了死局，这时我们运用第一性原理，深挖业主投诉的原因。通过分析发现，原来业主投诉的根本原因不是电梯慢，而是等待时间长，这些时间无处打发。于是按照这个思路寻找第三种解决方案：在每层楼的电梯口处都装上一面很大的穿衣镜或者电视，有效打发业主的等待时间。

（3）结构化思维法。

无论是自然界还是人类社会，“结构”都有其特定的位置，发挥着重要乃至决定性的作用。比如，同样是碳元素的组合，由于结构不一样，结果一个成了黑乎乎的石墨，而另一个却成了价值不菲的钻石。同样，思维也是有结构的，有结构的思维我们称之为“结构性思维”。

结构性思维如今已风靡职场，越来越多的职场人士因此受益。结构性思维的核心价值是：化混乱为有序，帮助我们更全面、更系统地思考，将复杂问题简单化。

当我们遇到一个难题，应该如何去寻找结构呢？这里给出两种方法：一种是自上而下地找结构；一种是自下而上地归纳提炼结构。

第一，自上而下找结构：思考一个框架，然后将信息或解决方案放入框架，如下图所示。

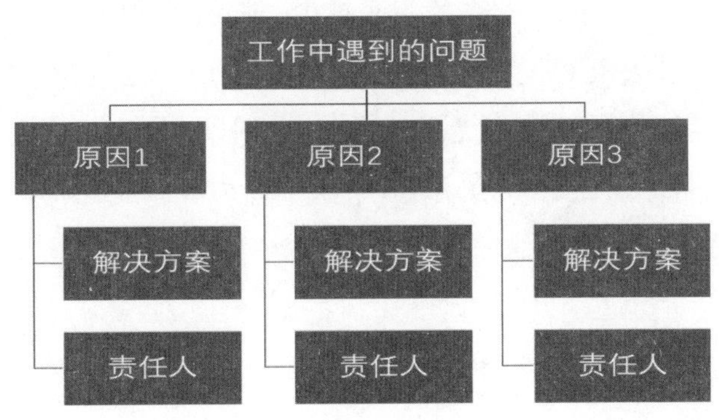

自上而下搭建思考结构

比如，怎样开好一场会议？你很快可以得出一个结构：会前、会中、会后，或者“会场布置、会议通知、会中主持、会议过程与组织会议记录”等。

第二，自下而上归纳总结成结构：当你不清楚可以用什么框架的时候，我们可以自下而上进行归纳分析，找到各要素之间的共同点，再分类归纳搭建思维结构。

如何提升员工的工作积极性？首先，分析造成员工工作积极性不高的种种原因，比如①薪酬待遇低、没有激励性；②缺乏良好的工作氛围；③管理者没有带好头；④个别员工负面情绪影响；⑤员工对工作兴趣不高；⑥部分员工对工作不擅长。其次，把收集的原因分为三类：① 属于薪酬与激励问题；②③④属于工作与管理环境问题；⑤⑥属于员工能力与兴趣问题。最后，分类归纳、搭建相应的思维框架。

5. 经济成本分析法，追求效益最大化

在日常管理决策中，因为环境、时间、问题都在不断变化，其实没有真正的最佳解决策略之说，只能寻找当下最优解决方案。因此，在最佳时机、最有利于问题的解决方案便是最优解决策略，这个最优解是需要一定的衡量标准的，其中经济成本分析法是一种科学有效的决策方法。

减少机会成本和沉没成本至关重要。所谓机会成本，指为从事某项活动而放弃另一项活动的机会，或利用一定资源获得某种收入时所放弃的另一种收入。机会成本越低，说明放弃的东西越少，损失的利益就越小。

沉没成本指过去已经发生，而且无法收回的成本。它与当前决策无关，因为当前无论我们如何努力都无法改变过去。比如你为了去发掘某个潜在大客户，前后两次打车去跟客户洽谈，后来这个客户没谈成，但这两次的打车费、与客户喝咖啡的费用已经发生了，这就属于沉没成本，是无法收回的。

假如我们手中有三个项目可供选择：A 项目风险高、投资回报率高；B 项目风险与投资回报率都趋于中等；C 项目投资风险低，回报率低。你该如何选择呢？

选择其中一个项目，就意味着失去另外两个，这就是机会成本的概念。假设你的投资风险理念处于中等，选择了 B 项目，而这个选择的机会成本就意味着要放弃回报率更高的 A 项目的成本损失。

在 B 项目的进展过程中，你发现 B 项目可能收益不够大，甚至发现 B 项目存在诸多潜在问题与隐患，于是开始思考转投 A 项目，但此时你在 B 项目上投入的时间、成本、人力与物力等，这些则成为沉没成本，其损失是无法挽回的。

因此，我们在做决策 、解决问题时，尽量一次性做对，减少机会成本与沉没成本的损失，当然凡是选择就会有机会成本，只是综合权衡哪种选择损失可能更少、收益会更多。

8.2 善于破局：快速查找问题的原因

1. 发现和界定问题等于解决问题的一半

所谓问题，指实际状态与应有状态之间存在差异。明确了这个差异，才能发现和界定问题，这是管理的基础。著名科学家爱因斯坦说："提出一个问题往往比解决一个问题更重要，因为解决问题也许是一个数学或实验上的技巧问题，而提出新的问题、新的可能性，从新的角度来看旧的问题，却需要创造性的想象力，这标志着科学的真正进步。"

因此，对于小团队管理者来说，要想准确地分析、解决工作中存在的问题，必须先找出真正的问题。根据冰山模型原理，我们能看到的、能感知的、能测量到的往往是现象，这是冰山以上的部分，而真正的问题可能是冰山以下看不见的那部分。比如，我们身边很多的朋友抱怨自己的小孩喜欢玩手机、看电视，这可能只是表象而不是问题，小孩喜欢玩手机、看电视的真正原因可能是由于家长陪伴时间太少、小孩缺乏自律意识，也有可能是受家长天天看手机、玩电脑的影响等，这才是真正的问题。

因此，小团队管理者由于长期处于工作困局中，才使得其对日常工作中的一些问题或现象熟视无睹，正所谓"不识庐山真面目，只缘身在此山中"。

日本制造行业提出了"三现主义"的管理原则，即现场、现物、现实。日本的精益改善大师大野耐一一直强调管理人员去现场发现问题、解决问题，不断践行“三现主义”，唯有去现场，亲自去看、去问、去做才能有更多的机会找到解决问题的线索和启示。

从“三现主义”方法论出发，我们可以通过四大类有效方法去发现和界定真正的问题，如下图所示。

发现真正问题的四大有效方法

2. 快速查找原因的四大常用工具

（1）5WHY 分析法：凡事多问为什么。

作为小团队管理者，我们要善于多问为什么？对于我们遇到的问题及不良现象，多问为什么，可以透过现象看到事物背后的根本原因。

《孟子·离娄上》云：“行有不得，反求诸己。”作为管理者经常反思才能不断提升。

例如，对 90 后、00 后新生代员工的管理，我们可以透过他们一系列“难管行为”背后发现他们不同的需求。比如，员工最近总是迟到旷工，通过谈话询问发现员工的内心活动：不想干了，平台对他的吸引力不够；再比如，90 后、00 后员工无视管理者的教育，通过谈话询问发现员工的内心活动：凭什么教育我，太不公平了，我渴望与追求平等。

日本丰田汽车提出了著名的 5WHY 分析法，即对一个问题点连续以 5 个“为什么”来自问，以追究其根本原因。它是从结果出发，沿着因果关键链，顺藤摸瓜，直到找到问题根本原因的一种有效分析方法，这个方法最早由丰田佐吉提出，在丰田公司广泛应用。这种方式虽然说是问 5 个“为什么”，但使用时不限定次数，有时多于 5 次，有时会少于 5 次，直到找到根本原因为止。

丰田汽车前副社长大野耐一曾举了一个案例。

问题一：为什么机器停了？

答案一：因为机器超载，保险丝断了。

问题二：为什么会超载？

答案二：因为轴承的润滑不够。

问题三：为什么轴承的润滑不够？

答案三：因为润滑泵失灵了。

问题四：为什么润滑泵会失灵？

答案四：因为它的轮轴耗损了。

问题五：为什么润滑泵的轮轴会耗损？

答案五：因为杂质跑到里面去了。

经过连续 5 次不停地问“为什么”，才找到问题的真正原因和解决的方法，最后，在润滑泵上加装滤网使得问题得以解决。

（2）鱼骨图法：快速查找原因。

鱼骨图法是一种可以用来分析问题和原因之间因果关系的图形式方法，又称因果分析图。运用鱼骨图法分析问题有助于揭示问题的潜在原因，找到问题存在的根本原因。与团队一起运用鱼骨图进行头脑风暴，能促进团队内部就问题产生的原因及应对方法达成共识，如下图所示。

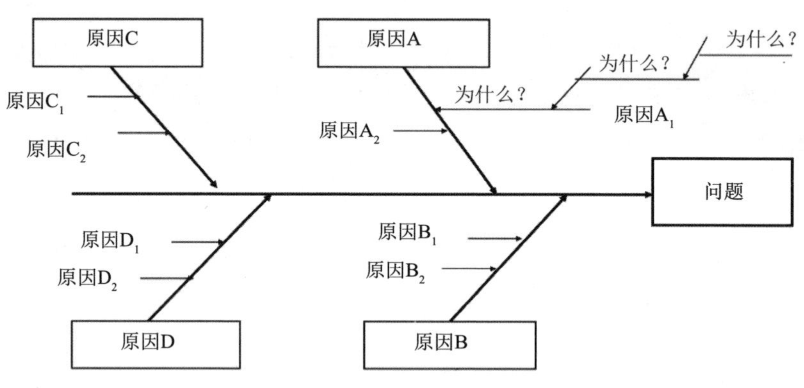

鱼骨图法模型

生产制造类的相关问题分析，通常可以分成人员、机械设备、材料、方法、环境、测量六个相关因素。

管理服务类的相关问题分析，通常可以分成政策、人员、流程、成本 4 个相关因素。

销售类的相关问题分析，通常可以分为：营销 4P“产品、价格、渠道、促销”或营销 4C“消费者、成本、便利、沟通”四大相关因素。

使用鱼骨图查找问题的过程最好是团队中多人参与，便于多视角看问题，并进行有效的头脑风暴，把参与者的意见和想法全部收集起来，并通过鱼骨图把它们展示出来。再与小组成员进一步充分讨论，得出所有可能原因中可能性最重要的影响原因，并针对这些原因采取行动。

（3）思考导图法：多维发散，思维飘扬。

思维导图由英国东尼·博赞发明，它是一种放射性思考具体化的方式，深受众多世界 500 强企业及广大职场人士喜爱。

工作中我们经常遇到各种各样的问题，大多数情况下我们是想到什么说什么，不会系统分析，结果花费了很大的精力，问题却仍然没有解决。思维导图是一个很好的系统性分析工具，它可以运用于我们分析与解决问题的全过程：明确问题—分析问题—解决问题—行动计划。下图所示为使用思维导图来分析与解决问题的模板，供大家参考。

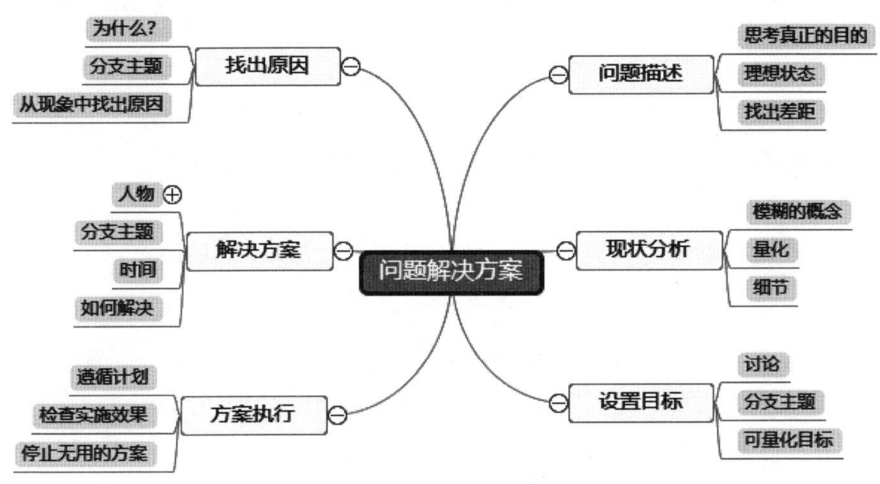

思维导图分析与解决问题的模型

（4）ECRS 分析法：工艺、流程改善。

ECRS 分析法是一种广泛应用于一线问题分析与管理流程优化的工具。ECRS 包括取消（Eliminate）、合并（Combine）、重排（Rearrange）、简化（Simplify）四原则。任何作业或工作流程都可以用 ECRS 四原则来进行分析和改善。通过分析，简化工序流程，从而找出效能更好、更佳的作业方法和流程。

比如，沃尔玛原来结账时先扫描物品再问顾客是否需要购物袋，导致每位顾客会占用柜台时间完成装袋，后来美国沃尔玛超市率先对结账步骤进行重新排列，先准备好购物袋，便于顾客提前装袋；刷卡消费与现金收费分开，因为现金结算效率高于刷卡消费，便于现金顾客高效完成购物。

美国著名的金门大桥最初是双向 8 车道，即“4+4”模式，通车后一度出现拥堵问题。相关部门决定向社会征集解决方案。一个美国青年通过多日观察，发现了问题：上午市民上班造成左边车道拥挤，下午市民下班造成右边车道拥挤。于是，他提出改为“6+2”车道，即上午左边车道为 6 道，右边为 2 道，下午则相反。如此，问题迎刃而解。

“6+2 ＞ 4+4”，这一小小的改善之举，在原有的 8 车道上“做文章”，对其进行巧妙地“排列组合”，圆满地解决了难题，实现“用最小的成本创造出最大的效果”。

8.3 善于解局：快速找到问题的解决办法

当管理者清晰地发现与找到问题的根源后，接下来就要深入地思考解决问题，如果不能解决问题，管理者本身可能就是企业的一个问题。因此，解决问题的能力是小团队管理者的核心能力之一。俗话说：“心中有数，手中有术，做事才能忙而不乱。”我给大家推荐六个寻找问题对策的常用思路，供大家参考，如下图所示。

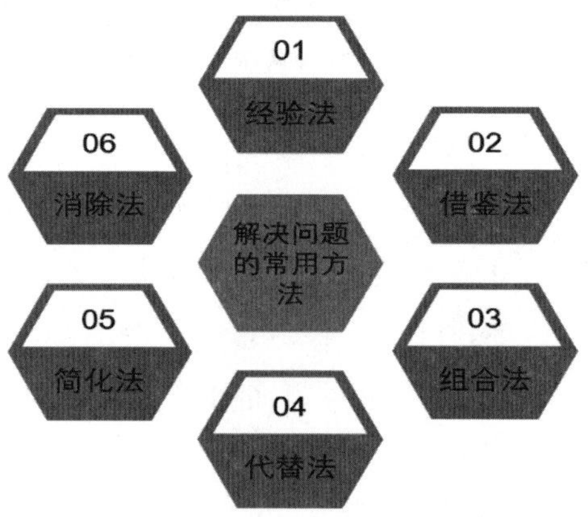

寻找问题对策的六个常用思路

1. 经验法

经验法是我们解决问题的一种最常用方式，能帮助我们快速解决问题、节约时间。但经验法往往是依据我们平常的管理实践而积累的经验来作判断，其特点是快速、简单。缺点是过去的经验不一定能适应于当下问题的解决，因为“环境 + 行为 = 意义”，当环境变了，即使行为一样，但结果有可能相差甚远。因此，经验法是解决问题的基础，还需进一步运用其他方法来进行验证或辅助。

2. 借鉴法

借鉴法指借鉴同行公司或自己公司过往的成功模式、成功经验来解决问题。在 VUCA 时代下，越来越多的企业选择跨界借鉴，正所谓“他山之石可以攻玉”。

如今流行的标杆学习也算是借鉴法的一种，我们要深信：你遇到的问题在这个世界上一定有人比你先遇到。向别人请教与学习是自我快速提升的有效手段。

3. 组合法

组合法指按照一定的原理，通过将两组或以上的功能元素或方法进行组合，从而形成一种具有新功能的新产品、新工艺、新材料的方法。

比如，阿尔弗雷德·贝恩哈德·诺贝尔为了使稍一震动就爆炸的液体硝化甘油做成易运输的固体炸药，将硝化甘油与硅藻土混合在一起，从而解决了这个问题。再比如，将传统水表与物联网技术结合就变成了智能物联网水表，可实现智能抄表、远程控制。

组合法广泛应用于解决创意或设计类问题，世界上没有真正百分之百的创新，只不过是进行了“加减乘除”而已。日本创造学家菊池诚说过：“我认为搞发明有两条路，第一条是全新的发现，第二条是把已知其原理的事实进行组合。”近年来也有人曾经预言，“组合”代表着技术发展的未来趋势。

4. 代替法

代替法指用某些物品或材料代替原来的物品或材料。比如，企业在生产某种产品时，发现使用 A 材料的成本太高，于是积极思考对策，后来想到用 B 材料代替 A 材料。这样一来产品的功能与性能没有发生大的变化，但材料的成本大大降低，这样就提高了企业的利润率。

代替法在企业中的应用还包括用机器、技术、自动化方式代替人工的办法来有效解决问题，既减少了人工成本，又减少了人为的错误损失。

有一家生产复印机的工厂，他们的复印机里面有一个小风扇，这个小风扇非常重要，一旦装反了，就会导致机械损坏。由于是流水线作业，操作工在装配时，因疲劳、遗忘等多种原因，可能会出错。主管要求操作工装好后要进行检查，用手摸一下，试下风向。但是每天生产数千台复印机，操作工人可能会产生错觉，有风？没风？走神了，还是会产生装反的现象。后来，通过发掘员工潜能，在复印机旁边装一个小风车，如果装配正确就会有风，风车会转，因此只要风车会转，装配就是完好的，否则，就是错误的。这样，这家工厂的复印机合格率得到大大提升。

5. 简化法

简化法指通过尝试缩小、缩短、减少或简化来解决问题。通过简化法有时可以极大提升企业的管理效率、降低运营成本。比如，刘翔的八步跨栏技术简化为七步就极大提升了比赛的成绩；工作中通过减少会议的次数和缩短每次会议的时间，以降低时间成本，从而提高大家的工作效率。再比如，苹果手机的一键操作就是运用了简化设计的原理。

俗话说：“大道至简”。有时候问题的答案其实很简单，只是人为想得太复杂，这里就需要回到原点或者再次找到问题的当事人或发起人。

6. 消除法

消除法指尝试消灭当前问题本身的一种解决方法，也是我们最常见的思路之一。比如，医院治疗胆结石的方法，是运用激光把它消除掉。再比如，公司销售部被客户投诉新产品的质量不稳定，于是公司组织了专门的研发及技术团队，经过反复研究、测试，消除了这种现象，得到客户的满意评价。

在一次会议上，总经理提到一个新的质量规定，结果有大半的主管竟然没看到这个新规定！原因是文件在车间里流转时，这些主管根本不知道文件已经摆在桌上。

于是该公司把传递文件的活页夹改成红色的，希望通过醒目的颜色管理，能让主管们立即阅读或处理该文件。实行之初，效果显著，但是过了一阵子，文员又开始抱怨，文件往往又会被停滞在某个车间主管的桌上。原因是主管们并不是常常坐在办公桌前，甚至有时候会被后来的报表或是其他材料掩盖住。

后来该公司将活页夹改成一个有机玻璃板，上头装了一个蜂鸣器。当夹着文件的有机玻璃板传递到某个车间主管的桌上时，只要将文件板放在桌上，触压开关便被压入，于是就不断地发出蜂鸣的声音，直到这有机玻璃板被拿起。从那以后，文件流转再也没有耽搁了。

8.4 善于突破：寻找创新性解决问题的方法

1. “举一反三”创新法

举一反三法是我们平常提得比较多的思考方法，但没有上升到一套完整的方法论，我们尝试用一个简单的模型来给大家做一个梳理，如下图所示。当我们遇到问题时，先尝试提出一个常规性的方案，接着思考这个常规性方案背后的原理，按照这个原理再思考其他两个创新性的方案。如此下去，我们可以通过多个常规性的方案，带出成倍的创新性解决方案。

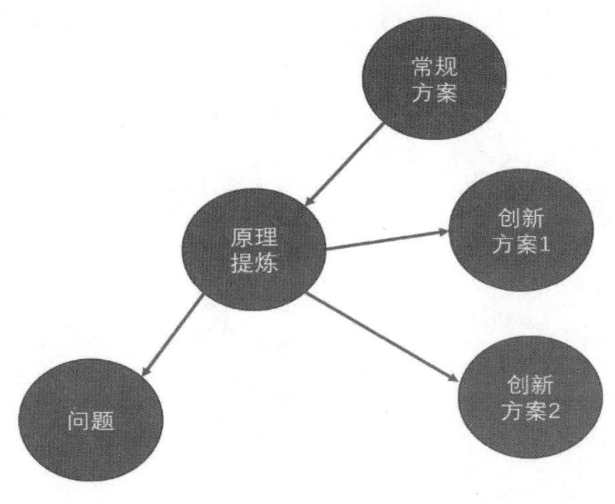

“举一反三”创新法

比如，解决团队员工流失的问题。有人提出“加工资”这一常规方案，该方案背后的原理是“增加员工的有效激励”，遵循这个方法，可以提出另外两个创新性方案：“让员工去做更有挑战性的工作”和“合伙人激励模式”。

2. 水平思考法

水平思考法由著名思维大师、心理学家爱德华•德波诺于1967年提出的，是一种新型思考方式，它旨在推动人们进行创新思维。

他将思维方式分为两种类型：一种是垂直思考，以逻辑与数学为代表的传统思维模式；另一种是水平思考，其核心是提供一套有意识、系统创新思维的方法，培养人们对于创造力的态度，赋予人们有效的思考工作，进行更高效而富有建设性的思考。

垂直思考一般会直接得出答案。比如，解数学题时肯定会得出答案。而水平思考法也许不直接得出答案，只能为我们提供重构模式、发现解决方案的可能性。

许多年前，一个倒霉的商人欠了别人一大笔钱，由于没钱还债，商人很可能被债主投进大牢。

债主是个又老、脾气又大、长得又丑的糟老头子，但他看上了商人年轻美貌的女儿。于是，他告诉商人：“我有个办法，不仅可以把你的债务一笔勾销，还能让你的女儿免于因为你入狱而流落街头。”

具体办法是这样的：债主把一黑一白两块小石头，放进一个空袋子里，然后让商人的漂亮女儿摸出一块。如果摸到白石头，则她父亲的欠债一笔勾销；如果摸到黑石头，她父亲的欠债也一笔勾销，但她必须嫁给债主。如果她不答应这个游戏，那么她父亲会被立刻投进监狱。

父女别无选择，只好答应。

于是三人来到债主花园内铺满鹅卵石的小路上，债主俯身捡起两块黑色的小石头扔进钱袋里，他自以为神不知鬼不觉，却不知这一切被商人的女儿看在眼里。

想想看，假如这个时候商人或者他的女儿向你求救，你会提出什么样的建议呢？

按照正常的逻辑来思考，肯定是不行的，故事的结果是这样的。

商人的女儿把手伸向钱袋，掏出一块石头，还没来得及看清石头的颜色，她就故意把它掉到地上，跟一堆鹅卵石混到了一起。

“我真是太笨了，连一块石头都拿不稳。”她深感自责。“但没有关系，只要看看钱袋里的那块石头是什么颜色，就可以知道我刚才摸出的那块石头是什么颜色了。”

债主当场傻掉了，一句话也说不出来，只好让那个女孩拿出钱袋里的石头，结果可想而知。

就这样，通过水平思考，商人的女儿反败为胜，在一场看似必输的赌局中打败了对手。

3. 求异思考法

求异思考法指突破常规思维，只从单方向、正面思考的习惯，遇到问题善于从异于以往的方面、善于从反面和侧面去思考的一种思维方式。

这种思维方式的形成要求我们一旦遇到常规方法解决不了的问题时，一定要让思考适时地“转弯”，甚至是 180° 大转弯，从反面来思考问题解决之道。

股神巴菲特有句名言：“在别人贪婪的时候我恐惧，在别人恐惧的时候我贪婪。”这是求异思维最好的描述之一。巴菲特的这种思维方式对于他的成功起到了很关键的作用。在 2008 年金融危机最艰难的时候，他采取主动买套的方式投资了不少他认为价值被低估的股票，虽然短期账目亏损不少，但最终巴菲特取得了良好的收益。

新电商拼多多的崛起也是求异思维的一个典型案例。

拼多多成立于 2015 年，截至 2019 年，拼多多能做到月流水 400 亿元的规模，以傲人的成就崛起，让人刮目相看。拼多多的商业模式其实并不复杂，就是一种网上团购的模式，以低价拼团来购买商品。

拼多多的成功源于差异化定位与互联网长尾理论的应用。

当时，以淘宝、京东为代表的电商平台已经运营得非常成熟，要从这些巨头手里抢夺市场份额不太容易，新电商需另辟蹊径。那么，拼多多的创新从哪里开始的呢？

首先，2013～2014年，智能手机普及，从城市到乡村，移动互联网激增，其中使用智能手机的人群中有90%都使用微信。据腾讯报道，当时每月微信的活跃用户达到了5.49亿，以化妆品为代表的微商做得如火如荼。

其次，2015年6月淘宝清理了24万低端商家，京东也在同年7月放弃了面向低端用户的产品拍卖。数十万低端供应商无处可归，其中不乏许多低端优质商家。与此同时，三、四、五线城市及广大农村的消费者不仅对电商这种方式逐渐接受，而且也有消费升级的需求。

再次，根据长尾理论，对于商家来说，最赚钱的并不是服务那些身处头部地位的“高净值”消费者，而是那些占人口总规模比例极大的、相对普通的、收入水平一般的、能够带来巨大流量的人群。

基于以上背景，2015年9月，拼多多上线了。拼多多靠着“农村包围城市”的战略，杀出多方围剿，到2019年拼多多的年化活跃用户达到了4.93亿，甚至市值一度超越京东，成为仅次于阿里巴巴、腾讯和美团的第四大互联网公司。

其实，拼多多的差异化还体现在新电商模式，那么究竟新在哪里？

新在拼多多致力于将娱乐社交的元素融入电商运营中，通过“社交＋电商”的模式，让更多的用户带着乐趣分享实惠，享受全新的共享式购物体验。

例如，拼多多果园、种树浇水、领取免费水果，还有花样繁多的限时秒杀、品牌清仓、天天领现金、砍价免费拿。用户即使不想买任何东西，但是打开拼多多依然可以干一点事，如现金签到。

另外，在拼多多网购的过程中，拼着买的形式很新颖，同时价格更是低到了极致，这样也为小品牌省下了广告费，直接让利给客户。小众品牌和拼多多的用户各取所需，这大概就是拼多多的魅力所在。

8.5 高效决策：小团队管理有效决策的艺术

1. 科学决策四步法

美国资深心理学专家希思兄弟写了一本《决断力》，书中总结了科学家研究决策的最新成果，以及工作生活中做出更好选择的四个步骤。

（1）看看都有哪些选项。

好的决策必须有更多的选项。日本有句谚语："井中的青蛙对浩瀚的海洋一无所知"。你想要好的选择，首先要看到更大的海洋。如果只有两个选项（要么选、要么不选），就容易钻牛角尖，有 50% 的决定是错误的。有时候你意识到有更多选择，能帮助你做出更好的决策。

（2）对选项进行评估。

当有了更多选项后，将它们摆在一起，然后统一评估。要避免个人主观倾向，你可以向更多人询问意见，对选项优劣进行客观地评估。

（3）确定一个选项。

选择时不要被短期情绪所左右，要从长计议。希思兄弟建议使用 10/10/10 法则。就是跳出当下视角，用三个时间尺度来衡量一个选项。

- 10 分钟后，你对这个决定的感想是什么。
- 10 个月后，你是怎么想的。
- 10 年后，你又会有什么样的感想。

（4）保证冗余度以应对不确定性。

很多人会陷入过度自信，我们往往对自身判断和决策的准确性过于自信，经常会押上全部筹码。但是，经验丰富者都会留一手。在一些重大决策上，他们不但会买保险，他们还有 B 计划。

2. 有效决策的策略与工具

（1）四维量化决策法。

首先介绍一种简单的四维量化决策法。把已经想出的策略按照效益性、可行性、困难度、成本四个维度进行评估，每个维度 1 ~ 10 分进行量化打分，效益性、可行性越好，分数越高，困难度越低、成本越小，分数越高，四个维度合计总分最高的决策方案就是最优的决策，如下表所示。此种决策方法操作简单、便于量化，更有说服力。

有效决策四维量化评估表

决策	效益性	可行性	困难度	成本	合计	排序
决策一						
决策二						
决策三						
决策四						
决策五						
……						

（2）集思广益决策法。

俗话说，“众人搭柴火焰高”“三个臭皮匠抵过一个诸葛亮”。每个人对问题的看法都是有限的，其观点也是有限的，如果管理者能把大家召集起来，鼓励每个人各抒己见，踊跃发表自己的看法，就很容易找到更多、更好的解决方案。同时，由大家集思广益决策出来的方案一定会更容易得到大家的拥护，因为那毕竟是自己选出来的。

心理学家艾伦•朗格（Ellen Langer）曾做过一个经典实验，向被试者出售奖券，价值 1 美元，有机会赢得 50 美元的奖金。在第一种条件下，被试者自己选择买哪张具体的奖券；在第二种条件下，被试者同意购买后，由研究人员为他 / 她指定了一张奖券。到了开奖日，研究人员重新找到被试者，告诉他们说有人还想参加抽奖，但奖券已卖光，如果被试者愿意，可以报一个价格，将自己的奖券卖出去。

结果显示，如果奖券是被试者自己选的，那么平均标价是 8.67 美元；如果奖券不是自己选的，平均标价就只有 1.96 美元，足足缩水了四倍有余。抽奖本身是随机的，无论是自己挑的还是别人挑的奖券，中奖率都不会有任何差别。但是，仅仅是选择这种行为本身，就会改变我们对于结果的评估，让我们变得过度乐观。毕竟，是我们自己“选”的嘛！

（3）客户导向决策法。

有时管理者如果只站在团队自身或企业的角度来做决策，从逻辑上或理论上是没有问题的，但实际执行起来的效果不尽人意，那是因为企业的管理决策一定要面向市场、面向社会，不能闭门造车，最终应该由客户与市场说了算。

华为在公司内部成立了专门的蓝军部门，其目的只有一个：那就是站在客户、竞争对手的立场，审视华为自身，专职“唱反调”，提出华为的不足和缺陷。任正非非常重视蓝军的作用，他曾说：“要想升官，先到蓝军去，不把红军打败就不要做司令。红军的司令如果没有蓝军的经历，也不要再提拔，你都不知道如何打败华为，说明你已经到天花板了。”

在企业管理中，我们如果不了解客户的需求，或明知客户的需求却将其忽视，一味地强调自己的解决方案多么有创意、多么有个性，是不能让客户满意而买单的。试想一下，如果客户想以最小的成本、在最短的时间内解决问题，但你给出的解决方案让客户耗时又费钱，这样的解决方案，客户如何会满意！

我曾经带领一个咨询项目时，遇到一个困难，项目方案总卡在一个关键决策人物那里，沟通多次未果，方案改了好几遍，分析佐证材料一大堆，但他总能挑出问题，甚至有时还专门挑方案里面标点符号的错误，一时搞得我好生气。

后来，客户项目团队提供的背景资料帮了我们。原来，这位高管是个空降兵，而他的前任在团队中威信极高，他的当务之急是建立团队对自己的信任。我们的方案对他的团队利益分配有影响，他很难向下沟通和交代。

最后，我们在此基础上建议了一个过渡方案，给一个过渡期，问题迎刃而解。倘若不是客户的项目团队提示，我们不知还要在表象问题上做多少无用功，却发现不了真正的问题。所以我又总结出一条做咨询的成功经验：不在乎你的咨询方案有多专业，而要符合对方的需求，给对方带来真正的价值，客户说好才是真的好。

（4）最佳时机决策法。

其实，在决策中没有真正的最佳决策之说，只能说是寻找当下最优的决策，在最佳时机、最有利于问题的解决方案便是最优决策。作为决策的高手往往会善于把握时机，因势利导，最终赢得最大的收益，但这需要决策者具备极高的智慧和极强的耐心。

在《穷查理宝典》中，查理·芒格说道："在进行投资时，我向来认为，当你看到某样真正喜欢的东西，你必须依照纪律去行动。"为了解释这种哲学，他喜欢用棒球来打比方。他讲了一个棒球运动员泰德·威廉斯的故事。

泰德·威廉斯是过去70年来唯一一个单个赛季打出400次安打的棒球运动员，在《击球的科学》中，他阐述了他的技巧，他把击打区划分为77个棒球那么大的格子，只有当球落在他的"最佳"格子时，他才会挥棒，即使他有可能因此而三振出局，因为挥棒去打那些"最差"格子会大大降低成功率。

8.6 快速的行动力：发挥小团队执行的优势力量

当问题的解决方案制定出来后，有效执行便成了关键。俗话说："三分战略，七分执行。"许多公司不差好的战略，差的是好的执行。在我们管理界有一句话是这么说的："优秀的企业看中层，卓越的企业看基层。"基层小团队的作战能力是组成企业这个大团队作战能力的重要元素，就像动车系统一样，只有每一节动车车厢的发动系统有力量，动车才能快速行驶，只要其中一节车厢的发动系统出现故障，动车就必须要停下来检修。

1. 小团队快速执行四大原则

小团队因为有简单化、船小好调头的特点，在团队快速执行的管理维度上，应遵循以下四个基本原则：速度第一原则、目标性原则、简化与激励原则、监督与反馈原则，如下图所示。

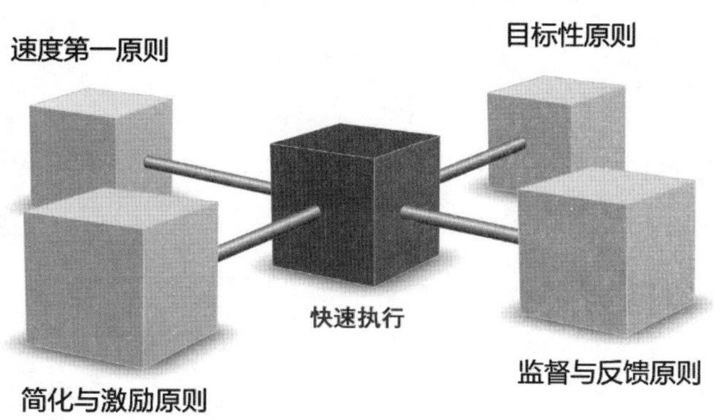

小团队快速执行四大原则

（1）速度第一原则。

速度是解决问题的“必杀技”。《孙子兵法》曰：“激水之疾，至于漂石者，势也。”极速流动的水能够将石头漂浮起来，这就是速度的力量。金庸武侠小说中也描述了至高的武功秘诀：“天下武功惟快不破”，可见速度的伟大力量。

当问题出现后，小团队管理者应该在第一时间分析问题、找出症结、制订对策，然后以最快的速度将对策落实，这既是分析问题应有的态度，更是解决问题的高超智慧。管理者以身作则快速执行，才能带动团队的快速执行。同时，在 VUCA 时代下，速度更意味着机会，许多行业的机遇稍纵即逝，要求企业的管理者要有高度的预见性、全局的思维性及快速的执行力，只有这样才能让我们有效把握机会、快速突围。

（2）目标性原则。

要想有快速执行的动力必须有明确的目标，目标是团队前进的动力。同时，要求制定的目标要清晰量化，符合 SMART 原则，并能将团队的大目标划小单元落实到每个成员具体的行动中。

《冰峰 168 小时》是根据真实事件改编的电影。主人公登上雪峰，下山时跟队员失联，而且还摔断了右腿，掉进了冰缝里，好不容易钻出冰山，发现距离营地还有非常远的距离。此时，他并没有将回到营地作为直接目标，而是选择眼前的一块小石头作为目标，并规定在20分钟内拖着一条残腿爬到小石头的地方，然后再找到另一块前进路上的石头，就这样一小段一小段，他用了几天时间才爬到营地，最终获得营救。

（3）简化与激励原则。

小团队管理中遇到问题的解决不仅要考虑严谨、时机，更要考虑简单、落地以及人性化原则，因为最终还是需要员工一起解决问题，如果流程太繁杂、严重触犯员工的利益，便会对问题的解决形成阻力。

由于小团队船小好调头，可以接受团队成员犯小错，只要能及时纠正即可。同时，小团队的工作激情非常重要，激情是保证团队持续前进的有效兴奋剂。

阿里巴巴的前CFO蔡崇信被称为阿里巴巴的“二号首长”，马云背后的“隐性英雄”。

1999年，蔡崇信在朋友的推荐下，在杭州与马云第一次见面，他发现马云连公司都还没有成立，也没有任何实体，只有一个上线刚刚几个月的网站，收入为零。换作别人，这时候估计就直接起身走了，但蔡崇信却愿意留下来听马云继续讲。

据蔡崇信回忆：“与马云见面的时候，我被他的人格魅力深深吸引了。他非常平易近人，还极有魅力，一直都在谈论伟大的愿景。我们没有谈商业模式、盈利或者其他业务上的东西。当时我觉得马云想要做电商平台的创意称得上伟大，却不是什么惊天动地的想法，但我欣赏马云的个性。”

真正打动蔡崇信的地方，不仅仅是马云本人，还有接下来发生的事情。见完面后，蔡崇信提出想要看看马云的创业团队，于是马云就把他带到了湖畔花园。一开门，蔡崇信惊呆了。一群年轻人像着了魔一样在那里努力工作着，大家一起吃大锅饭、一起睡地铺……蔡崇信从这些年轻人的眼睛中看到了无限的光芒、力量与未来。随后，蔡崇信得知追随马云创业的这批人大多是马云的学生。当时他心想：这家伙有能力将一群人聚集在一起，是个有影响力的领导者。马云真的有能力做成一番事业。于是，蔡崇信有了加入这个充满冒险精神的团队的念头。

（4）监督与反馈原则。

员工只会做上级检查的事情，不会主动做上级期望的事情。监督考核、有效反馈是促进执行落地的有效保障。制度的落实需要管理者不断地跟进和检查，解决方案的落实同样需要如此。管理者在分配任务、部署工作之后，不能有“坐等结果”的心理，应及时跟进下属，关注下属的工作进展。同时，当下属在实施解决方案遇到问题或资源需求时，管理者应及时给予帮助与支持。

2. 做好执行的过程管理

有好的过程才能有好的结果，对执行过程的管理是确保结果到位的关键。对过程的管理一般包括三个维度：进度管理、风险管理和资源管理，如下图所示。

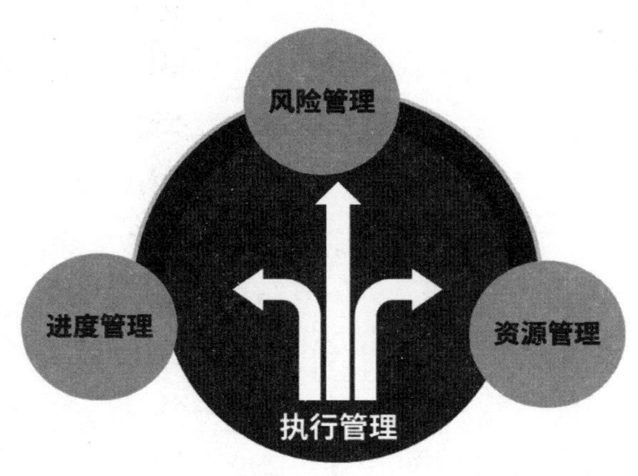

团队执行的过程管理

（1）进度管理。

进度管理是团队执行过程中管理的核心。加强团队执行的进度管理，既能保证工作任务的按时完成，又能减少因工作项目延迟带来的成本损失与风险。

作为小团队管理者，应定期对照团队中每个成员的任务与进程表，监督其工作进度，做到心中有数。要做好员工工作的进度管理，又可分解为以下四个步骤：作业分解、落实到人、节点把控、效果评估，如下图所示。作业分解是基础，落实到人是关键，节点把控是保障，效果评估是验证。

小团队执行进度管理四步骤

（2）风险管理。

风险无时无刻不存在，在职场中生产型、销售型、研发型团队可能遇到风险的概率会大一点，尤其是生产型一线团队，会接触到大量的生产设备、危险源及生产环境中存在的大量安全隐患。作为生产型一线的小团队管理者，尤其要把安全管理放在第一位，并将风险防控作为一项重要工作，常抓不懈。

风险管理也可分为三个阶段：风险识别、风险分析和风险管理，如下图所示。首先，作为小团队管理者，要时刻树立风险意识，要能有效识别风险，并快速找到风险源。其次，对风险进行有效的分析，包括定性分析和定量分析，定性分析指综合评估风险的概率和影响，是模糊不量化的；定量分析是就已识别的风险进行定量分析，为后期风险管理决策提供有效的信息。在风险管理的策略方面又可选择：回避风险策略、风险转移策略、减轻风险策略和储备风险策略四种。

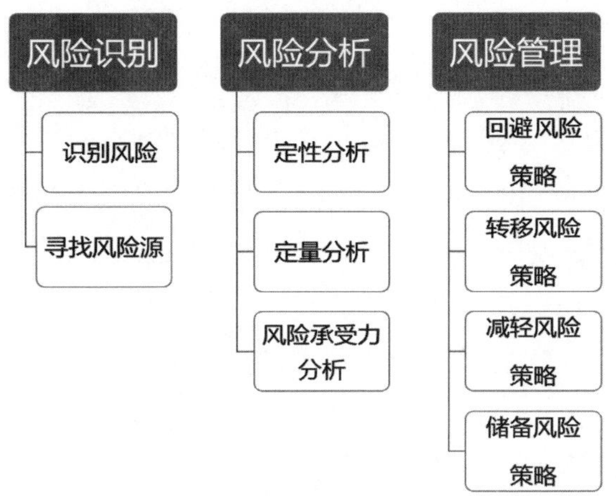

风险管理三阶段

（3）资源管理。

资源是确保团队完成工作目标的基础，资源管理的目的是降低成本，把团队有限的资源最大化利用。资源管理包括资源的计划、配置、控制和处置。

其实，资源不仅包括显性资源，比如基础性生产原料、加工半成品、产品、促销渠道、政策、人际交往，更包括隐性的资源，比如人力资源、时间资源、团队力量及其他看不见的资源。作为小团队管理者，只有能充分利用好团队的隐性与显性资源，才能把资源管理做到极致，一切为我所用。

3. 为小团队提供试错平台和机会

小团队船小好调头，用小团队来试错是一种非常不错的管理创新方法。“不要害怕犯错，要勇于尝试，才能有所成长。”这是人生道路上一句很常见的鼓励名言。放到企业管理中来，管理者要敢于鼓励员工通过试错的方式来尝试创新。

日本著名企业家稻盛和夫曾说过：“不敢试错的员工不是好员工。”他用平生的经历在劝慰人们，要敢于走别人没走过的路，要勇敢地去做别人没有做过或没有做好的事情——这是成就事业的必经之路。稻盛和夫又说：“创新的本质是试错，只有更多人的试错才能换来更大的成功。”如果企业鼓励员工创新，那么就必须允许员工试错、犯错。管理者要推行试错的机制，为创新保驾护航。

时下流行的一种团队试错机制是：MVP（Minimum Viable Product，最小可用产品）小步快速试错，又称最小化可行产品。它的意思是用最快、最简单的方式建立一个可用的产品原型，通过简单的原型来测试产品是否符合市场预期，并通过不断地快速迭代来修正产品，最终推出符合市场需求的产品，从而让企业或个人获得最大化的收益。

MVP 有三个要点：成本要小、切实可行、反馈要快，如下图所示。

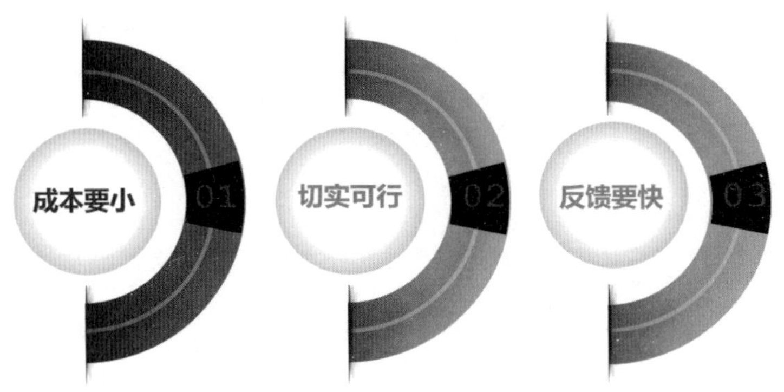

MVP 的三个要点

（1）成本要小。

比如，管理者让团队一名新成员去开拓一个很难搞定的休克型大客户，来回也就几十元的交通费，即使没谈成，成本也小，万一这个难搞的大客户成交了，收益却很大。

（2）切实可行。

所谓可行，指再小的试错方式，也要保证走完每一个业务流程，以便在一个小的场景下，形成闭环。用到现实小团队管理中，意思是我们的试错不能天马行空，要考虑到团队的实际情况。

（3）反馈要快。

反馈要快意味着反馈要及时，管理者要及时收集相关反馈信息，综合分析，并通过这些信息来预测市场的需求、验证方案的可行性，及时反馈给企业上层领导。

第9章

团队进化：不断成长的团队才更有生命力

9.1 迫使员工走出舒适区，加速学习

很多企业在刚创立的时候，大家都很有激情，企业也很有活力，但是往往过了创业期，进入稳定期后，团队就慢慢丧失了活力。主要表现为员工态度不积极，学习力不足、缺乏创新，满足于当前成绩，缺少危机感，甚至团队内员工牢骚满天、抱怨不断。

如果把团队看成一棵树，学习力就是树的根。一个不成长与缺乏活力的团队是很难持续做出好的业绩，学习力与创新力是团队的核心竞争力。

对于学习，我们古人非常重视，所谓“朝闻道，夕死可矣”“学而时习之，不亦说乎”谈的都是学习。现在是一个快速发展的时代，只有不断地学习才能跟上时代的脚步。

1. 认知：学习从离开舒适区开始

在团队管理中，要让员工养成学习的习惯是一件比较难的事情，主要原因有：一是学习是一件消耗能量的事情，是“反人性”的，因为学习远不如微信聊天、刷抖音有趣。二是学习是一件持续的事情，很难马上见到成果。三是大多数的团队缺乏学习的氛围，很难坚持下去。

要成长就要学习，要学习首先要迫使自己离开“舒适区”。“舒适区”

这个概念最早由心理学家罗伯特·耶基斯提出，其意指活动及行为符合人们的常规模式，能最大限度减少压力和风险的行为空间。在这个区域里，人会觉得舒服、放松、稳定、能够掌控、很有安全感。一旦走出这个舒服区，人就会感到别扭、不舒服，或者不习惯。

但是，人如果长期待在“舒适区”内则会产生极大的负面影响：不思进取，故步自封。小团队一般处在企业第一线，或者是刚开始创业，最需要的是开拓进取、拼搏冲杀，所以，作为管理者必须要迫使团队成员走出“舒适区”。

我们的学习一般有三个区域，如下图所示。一个是舒适区，就是你非常熟练、几乎是下意识就可以完成的事情；中间是学习区，就是有一些挑战，可以通过努力掌握的；最外层是恐慌区，远远超出你的能力范围。

人们学习的三个区域

在美国著名心理学家安德斯·艾利克森的畅销书《刻意练习：如何从新手到大师》中说道，决定伟大水平和一般水平的关键，不是天赋，也不是经验，而是“刻意练习”的程度。而“刻意练习”的基础就是离开你的舒适区，不断扩大你的学习区。并且要做好三点：第一，明确的学习目标；第二，大量的重复练习 + 系统的训练方法；第三，持续获得有效反馈。

比如，要提升团队成员的销售技巧，首先要为团队成员制订明确的学习目标；其次需要进行大量的技能学习与工作实践，直到熟悉掌握；并且学习与实践过程中，管理者或学员的师傅要持续为其提供有效的反馈，以便学员及时改正。

2. 促动：用成就感替代挫败感

听樊登老师讲课，你会觉得很轻松，学习过程很快乐、很有动力。但是，倘若你自己去看他讲的那本书，快乐感就下降很多。

为什么呢？因为他读完一本书，给你讲几十分钟，讲的都是书里新鲜有趣的内容，而新鲜知识本身能带给人多巴胺，所以你很容易感受到快乐。但你自己去看书，你会发现，一本书看完需要 10 个小时，甚至更长时间，而樊登老师讲完一本书只花几十分钟，多巴胺在同一时间的输入量差异是很大的，于是逐渐产生了疲劳感。

并且学习是一个持续深入的过程，比如学习编程，刚开始学习基础语言知识可能难度不大，但越往后学难度越大。学习新鲜知识还是相对容易快乐的，但是，越上升到能力层次的学习，越不容易从内容本身获得快乐，因为新鲜感无法大量集中地获得，这个阶段的学习可能非常枯燥，甚至要经常遭受失败，从而让你不断产生挫败感。

90 年代，IBM 的“深蓝”打败了国际象棋大师卡斯帕罗夫。后来，深蓝的设计者特索罗觉得：机器运算速度比人脑快这么多，却是勉强战胜，这是为何？然后他发现，卡斯帕罗夫的神经元非常有效，经过几十年的修炼，他能够迅速判断出棋局的微妙差异，不像“深蓝”，需要分析每种可能的方法。所以，卡斯帕罗夫能够立即优化选择，集中评估，并选择最有效的方法。

后来，特索罗创造了一种新的 AI 程序，从零开始，每场必输，但是它具有从自身经验中学习的能力，所以它每天不停地跟自己下棋，一段时间后，它就能够打败人类最棒的选手了。这种编程方法，严格模仿了多巴胺神经元的活动模式，即失败最终转化为成功。

由此可见，从错误中学习，本身是人类大脑的基本运行机制。每一次犯错，都是在学习中进步，都是成长的机会。

现在年轻人的学习困惑体现在耐不住学习的寂寞和艰辛，喜欢被动地接收互联网上的碎片化知识，自以为看到的知识就变成了自己的知识，其实这是无效的学习。所有的知识必须经过反思、实践之后才是你自己的，只有要把死的知识变成活的能力、智慧才是真正的学习之道。

3. 精进：逐渐成为行业的专家

一个人之所以能称之为行业的专家，不仅指他拥有这个领域丰富的知识，而更在于他具有灵活的适应性，能在新的情景对新的问题自如应对。他们不但知道怎么做，还知道为什么这样做，更能清楚地知道在什么时候什么地方用哪些知识。也就是说，专家不但能解决一般人不能解决的问题，而且他们完成的质量更高、更可靠。但要成为一个行业的专家不是那么容易的事情，需要不断地精进。

（1）刻意训练。

马尔科姆·格拉德威尔在其畅销书《异类：不一样的成功启示录》中提出“10 000 小时”的概念，意思是说，一个人要想完美掌握某项技能，就必须大量重复练习，而且练习时长的最小临界量是 10 000 小时，我们学习某种技能时，能够做到，并不代表已经成为习惯；成为习惯，并不代表成为本能，这中间需要大量重复训练。

同时，除了大量重复训练之外，还要刻意练习，包括不断加大训练的难度、增加外界干扰，强化我们应对外界的变化。比如，我们练习开车，从科目一的理论考试到科目三的路考，难度是逐渐增加的。并且，即使你拿到了驾照并不意味着你成为这个行业的专家，你需要长时间的积累和大量的刻意练习，至少能做到“自动化驾驶”，遇到各种复杂路况不需要经过大脑判断就能“自动化”完成驾驶任务。

曾经微博上有一个四川女性切土豆丝的视频，这是一位普通的饭店后厨帮手，在切土豆丝的本领上恐怕无人能敌。她不需要菜板，只需要在手掌里托着土豆，另一手执刀，然后只需几下，一个土豆就成了粗细均匀的土豆丝。在意大利米兰的一家比萨店里，一名店员切比萨也成了绝活。旁人一分钟切一个，已经是非常快的速度了，这位店员几秒钟就能切一排，而且大小匀称，非常工整。

所谓行行出状元，但要想成为行业的专家，必须经过大量的刻意训练，我们不能光看到别人成功的一面，没看到他们为成功背后所做出的伟大付出。

（2）输出倒逼输入：费曼学习法。

输出倒逼输入是最好的学习方法，究其原因是增加了学习的动力和目的性。比如我要讲某一门领导力方面的课程，在此之前我需要认真研究与这门课程相关的许多资料、案例，发现这个时段的学习效率非常高，成果也非常显著，平时要我去看一本书，看完似乎就基本上忘记了，因为暂时用不上。

输出倒逼输入背后的原理来源于“费曼学习法”，那什么是“费曼学习法”呢？它的提出者是理查德·费曼，他是美国著名的理论物理学家，1965 年获得诺贝尔物理学奖，并且他在研制原子弹的“曼哈顿计划”中扮演着重要角色。

其实，费曼学习法是保证学习效果的一套算法，这个算法能帮你学习新概念，巩固旧知识，弥补知识差距，让学习更有效率。它一共可分为四步，如下图所示。

费曼学习法关键四步

①确定主题。选择一个学习的主题，开始阅读与它有关的所有资料，并做好笔记，当遇到新素材时，马上添加到参考资料中。

②教给别人。假想一个场景，让你将这个主题讲给孩子们听。在讲述中尽量用简单的词汇去描述它，力求让孩子们能听懂。如果不能让孩子们听懂，就说明你还有非常大的改进空间。

③查找缺口。当你讲解不下去或者讲不清楚的时候，要回头阅读资料，

卡壳的地方就是你的知识缺口，你就要花时间去钻研它，彻底搞清楚知识的来龙去脉后，你将学到更多知识。

④组织简化。回到第一步，试图用更加简洁、直白的方式去讲述你所学的主题。在这个过程中如果还是卡壳了、被绊倒了，就表明你对这个主题的理解还不够完整。需要回到第三步，继续学习和改进，直到能够流利地以故事、案例的形式讲出来为止。

9.2　促进团队学习进化的方法与措施

学习是促进团队进化的重要手段，小团队作为企业的基层组织单元，推动着组织的前进与发展，努力打造成学习型组织、创新型组织成为一种必然。

我们一般把团队学习进化分为三大类方法，分别是集体学习、传帮带和经验萃取，如下图所示。

团队进化的三大学习方法

1. 集体学习：让工作学习化，学习工作化

俗话说："一个人可以走得很快，但一群人可以走得更远。"团队集体学习不仅有利于提升团队的整体能力水平，更可以提升团队中每个成员的能

力水平和学习力。

集体学习的形式可以有多种，包括小组学习、分享学习会、读书活动、专题共创学习、参观学习、竞赛学习等。作为小团队的集体学习讲究效果，不在于形式，也不要搞所谓的“假大空”。

在选择学习形式前，可以先在小团队内部建立知识库。这个知识库包括团队内的各种问题，比如产品知识、流程问题、优秀员工的工作经验、工作中最常见的障碍和问题。并且，要经常对知识库进行整理、调整和更新，以保证其准确性和实用性。员工可以随时进入知识库查阅，这对员工的学习有很大的帮助。

集体学习不仅可以营造团队良好的学习风气，更可以群策群力，相互讨论与交流，可以经常性组织各类专项学习小组，学习目的明确，可以相互交流经验，讨论工作中的问题与难点，集中力量攻关。

同时，团队类的竞赛也是一种很好的学习方式，以赛代练，以练代训。通过“比”促进“学”，这种方式可以让员工在参与的过程中，活跃团队学习氛围，巩固业务知识，提升业务技能。这种理论与实践相结合，学习与趣味相结合的方式，能够一举多得。

2. 传帮带：把员工培养成为下一个你

传帮带、师徒制是一种古老的人才培育方式，也是非常有效的人才培育方式之一。作为管理者，要想把下属培养成你，让自己的工作变得轻松，你就必须做好“传帮带”。在“传帮带”中培养下属，复制自己，为的是让下属自觉、自愿、自发地用心把工作做好，如下图所示。比如海底捞，采取的是师徒制的“传帮带”，管理人员基本上都是从最基层提拔上来的，高级管理者曾经也刷过碗、端过菜、当过服务员、当过收银、当过领班、当过店长。通过跟着“师父”学，不断成长，最后成长为管理型人才。

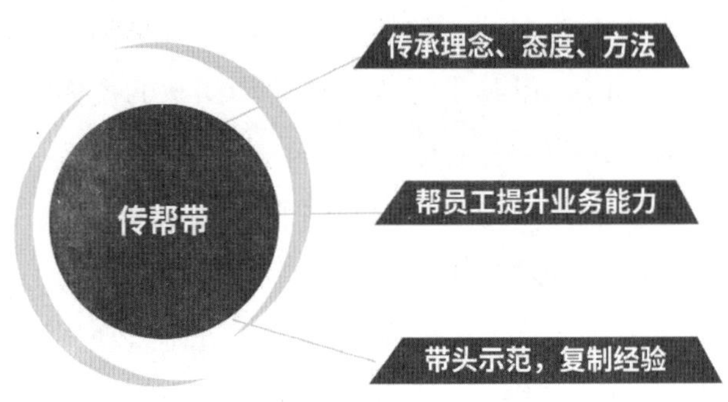

“传帮带”的核心

“传帮带”是快速提升团队业务能力，传承团队优秀文化的重要手段。这种“传帮带”不限于管理者对下属的“传帮带”，也可以是老员工对新员工的“传帮带”，以老带新。

3. 经验萃取：用优秀复制优秀，用成功复制成功

华为任正非说：“组织经验的浪费是最大的浪费”，组织经验是组织发展的宝贵财富。拉斯洛·博克在《重新定义团队》一书中写道：“我可以告诉你到哪里去找最好的老师。他们就坐在你的身旁。”其实，掌握知识经验的专家多数在企业内部，我们需要这些专家、骨干把“干货”倒出来。员工在工作中积累的经验没有进行有效的总结和梳理，而让后来的员工从头开始尝试并慢慢积累经验，这是企业最大的浪费，越来越多的企业意识到组织经验积累对组织能力建设的重要性，因此开始尝试开展组织经验萃取工作。

“萃取”一词来源于化学，是一种提纯技术，后来指运用对经验的提取。所谓经验萃取，是通过一系列有效的方法，对某人或某个团队在特定情境中的表现进行分析和总结，通过解构和重构，得出一套易学、易记、易模仿、易掌握、易操作的标准化模式，以达到对表现的有效复制、反省和传承。

如今，“经验萃取”成为组织经验、优秀技能得以传承的重要方法，能

有效为团队沉淀解决问题的方法以应对类似问题；能有效降低企业成本；快速提升员工绩效，从而带动组织绩效的提升。

但经验萃取是一件相对来说有一定技术难度的工作，一般我们把它分为四个步骤，分别是：确定主题、场景还原、经验萃取和结构呈现，如下图所示。

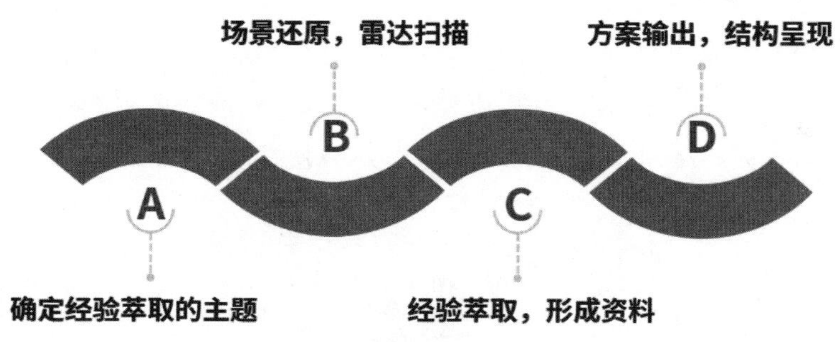

组织经验萃取四步法

（1）确定经验萃取的主题。

这个阶段要选择有效的、有价值的问题，如果萃取的主题出现偏差，那么萃取出来的内容必然是“隔靴搔痒”，不仅起不到效果，还耽误时间。萃取的主题最好是工作中能直接用得上的，且主题不能太大，比如像“如何提升销售业绩？”这样的主题就太大了，可以缩小为“如何提升陌生客户的拜访技术”，小而精的主题更容易落地，更有价值。

（2）场景还原，雷达扫描。

每个工作任务都会有不同的任务场景，比如在客户销售中，可分为引起注意、建立话题、产品介绍、异议处理、临门一脚等多个场景。心理学上有一个公式：“环境 + 行为 = 结果”，即使一样的行为，当环境发生改变，结果可能截然不同。所以，还原场景，有利于对萃取的经验与方法的适用范围进行界定，以免出现偏差或失效的情形。

（3）经验萃取，形成资料。

这个阶段，管理者或萃取师需要通过一对一访谈或一对多访谈的方式对当事人的优秀经验（案例）进行有效的萃取。在经验萃取时，要还原当事人在场景中的具体想法与行为，他 / 她当时的任务是什么？具体做了哪些工作？结果如何？有哪些经验值得新人学习？又有哪些注意事项？

同时要求我们管理者或萃取师将访谈内容形成访谈记录，总结为初步的有效知识点或案例文本等。

（4）方案输出，结构呈现。

当经验萃取后的知识点（案例）整理出来之后，要进行结构化呈现，以方便传播。结构化呈现的方式包括：口诀式、流程式、矩阵式、层级式、数字式、图表式。比如经过萃取后，总结出一个名为“团队问题解决七步法”的模型，如下图所示。

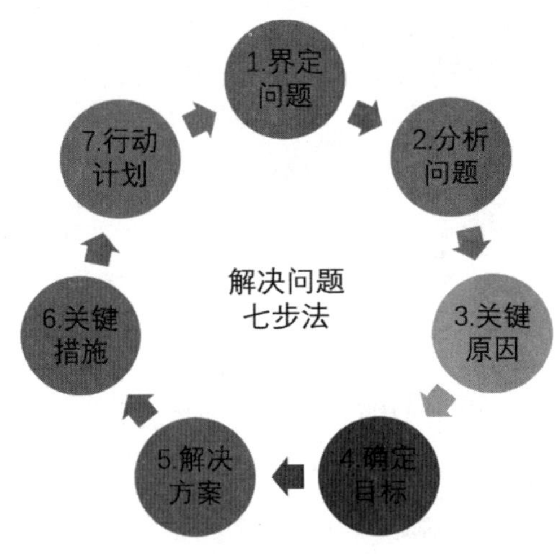

经验萃取呈现案例：解决问题七步法

9.3 短板管理：及时提升弱项，全面提高团队实力

木桶原理是我们较为熟悉的一个原理，它的核心思想是：一只木桶能装多少水，不是取决于桶壁上最高的那块木板，而是取决于桶壁上最短的那块木板。如果最短的木板不加长，其他木板再长也无济于事，任何多余的水都会从最短的木板处流走。这个理论也叫短板效应。

可见，短板管理是一种提升团队整体绩效的最佳方法，它要求管理者持续识别不断变化状态下的短板，进行针对性改善。

1. 找出短板，分析原因

首先，团队管理要针对本团队成员的工作能力、业务水平、工作流程与工作方法等维度进行针对性查漏补缺。可以采用标杆查找法和问题导向查找法两种方法来查找团队的短板。

（1）标杆查找法。

标杆查找法首先需要寻找一个可参考的标杆，比如公司内部最优秀的同类性质的团队，对标这个团队来快速查找自己团队的问题与短板，在业绩维度与他们团队相差多少？员工能力与工作状态方面与他们团队相差多少？然后，利用 SWOT 分析法让团队成员了解自己所面临的状况：优势、劣势、机会和威胁，在此基础上找出团队的短板。

（2）问题导向查找法。

这种方法既快速又准确，问题意味着缺陷，综合分析当前团队中遇到的最难解决、最急需解决的问题，那就可能是团队的短板。

2. 制订补短目标

彼得·德鲁克说："先有目标，后有工作"。只有制订明确的补短目标才能让补短行动具体化、可落地化。目标的制订要符合 SMART 原则（明确的、可衡量的、可达成的、有反馈的和有时间限制的），不能定得太高或过低，必须是有效且可达成的。

同时，补短目标的制订可以分阶段、分层次地设置。因为，团队中的短板往往是难解决的问题，可能一时不是那么容易解决，需要经过时间的沉淀，因此，分阶段、分层次改善更具可行性。

3. 制订补短方案

完善的补短计划是实施补短行动的基础，补短计划的内容包括：补短的具体内容项、时间进度、具体措施、检验标准、执行人、监督检查人等，如下表所示。

××公司生产一线团队补短行动方案（范例）

序号	补短项目	减少客户投诉，缩短产品的交货周期				
	细分项	具体学习内容或方法、措施	完成时间	执行人	检查人	效果评估
1	生产流程优化	查找生产流程中的瓶颈与延迟点	年　月　日	×××	×××	……
2	团队协作优化	查找流程上员工配合度、员工能力	年　月　日	×××	×××	……
3	交货周期长问题分析	对照客户投诉点，全面分析交货周期长的原因	年　月　日	×××	×××	……
4	团队补短学习	《TOC 瓶颈管理与突破》课程	年　月　日	×××	×××	……
5	团队补短学习	《有效沟通与协作》课程	年　月　日	×××	×××	……
6	团队补短学习	《作业流程分析与流程管控》课程	年　月　日	×××	×××	……
7	……	……	……	……	……	……

4. 补短行动推进与效果评估

管理者必须对补短行动进行有效的推进与过程控制，尤其是对补短行动的时间节点、执行人等维度进行把握，确保补短行动落到实处，这是整个短板管理的关键环节，只有补短计划落实到位才能确保团队短板改善到位。

经过一定周期后，我们管理者要对补短行动进行有效的效果评估，看是否达到预期的目标；如果没有达到目标，继续返回进行修补，直到达成补短目标。

一个行动结束后，管理者需要着手进行第二个补短行动，需要用 SWOT 分析法重新分析团队，查找短板，进入下一轮补短行动。只有不断查找团队的短板，并持续改善，才能减少团队弱项，从而提升团队的整体竞争力。

9.4 升级压力与危机感，让团队在挑战中成长

俗话说："有压力才有动力"。瀑布之所以美丽是因为被逼到了绝境，许多人物之所以取得伟大的成就是因为遭遇了难以想象的逆境与压力。

世界上最快的马时速是 80 公里，如果你想让其时速提升 10%，需要花难以想象的巨大代价去训练它，因为每提高一点都是在突破这个物种的极限。如果你想让时速达到 800 公里，就会马上放弃驯马，考虑去坐飞机，毕竟只需要买张机票就可以了。通常情况下，目标提高 10% 是快马加鞭式的优化型提高，但它容易让团队成员陷入惯性思考和路径依赖。反而在 10 倍目标的重压下，整个团队都会积极思考探索问题的核心，摆脱惯性思维，提前突破瓶颈，实现根本性创新。

管理者要相信员工，放手让员工去做有挑战性的工作。管理者对员工"狠"一点，不断提高对员工的要求，迫使员工不断成长。当员工在挑战中获得成绩后，就会因受到充分的认可和鼓励，变得更加自信，更加珍惜所从事的工作，继而对工作投入更多的热情。

1. 不断提高工作标准，使结果更完美

不知道你是否发现，员工在工作执行中往往会有打折扣的情况。当你要求员工把工作做到 60 分时，员工往往只做到 50 分；当你要求员工把工作做到 80 分时，员工往往只做到了 60 分；当你要求员工把工作做到 100 分时，员工只做到 80 分；当你要求员工把工作做到 120 分时，员工才能把工作做到 90、95 分甚至 100 分。

高标准、严要求才能有好的结果。正如孔子《论语》曰："取乎其上，得乎其中；取乎其中，得乎其下；取乎其下，则无所得矣"。做事的目标与标准越高，做事的结果才能更完美。

当年在苹果公司，乔布斯会抓住一切机会向员工施加压力，他经常说出

这样的话：

“这款笔记本的大小不能超过一个记事本的大小！”

“我希望有一天这个电脑能够被装进牛皮纸袋里”

“外观应该更加漂亮一些！”

如果有人对乔布斯的要求表达抱怨，那么乔布斯一定会狠狠回击。有一次，设计师这样抱怨乔布斯的要求：“这对我们来说，太难了，根本就是幻想！”乔布斯是这样回应的：“这个世界上一定有能够完成它的人，如果你不想成为那个人，那么，我们也可以找到其他想完成并且有能力完成它的人。”

毫无疑问，最终的赢家是乔布斯。2008 年，世界上最薄的笔记本电脑诞生了，它小巧得可以直接装进牛皮纸袋里被带走。这就是乔布斯不断提出高要求、设立标准，催逼员工之后的杰作。在这个过程中，员工也变得越来越出色。

2. 提升危机意识：提升强者，鞭策弱者

一个团队如果没有忧患意识，就没有进化的动力，容易停滞不前。不敢居于人后，勇于开拓的团队，才能让企业迈向新的台阶。

在挪威，很多人喜欢吃沙丁鱼，但奇怪的是，人们常常吃到的沙丁鱼都是死的，被渔网捞到的沙丁鱼，即便是放在精心准备的海水中，也无法存活。因为沙丁鱼的保质期很短，经过长途运输销往全球，可以食用的就更少了，很多人想出了各种办法，但都不能改变这样的状况。

一次，一个渔夫想出了一个办法，它往沙丁鱼的槽里放了一条鲶鱼，鲶鱼是沙丁鱼的天敌，专以沙丁鱼为食。就这样，这位渔夫的沙丁鱼就总是能存活。

原来，把鲶鱼放到沙丁鱼中时，沙丁鱼会产生恐惧心理，就会四处游动，一直保持着高度戒备，渔夫就是用这种方法，让一条条沙丁鱼一直活蹦乱跳地进入了岸上的各大餐厅。所以，心理学家就把这样的现象总结为“鲶鱼效应”。

这个故事反映一个法则：只有充满危机感，团队和个人才能更好地生存。

正如 2019 年的华为，遭遇到前所未有的挑战与危机，但华为并没有倒下，反而在风暴中更加坚挺。

正所谓：弱者面对危机只会恐惧，而强者善于在危机中找到机遇。时刻保持危机意识，企业才会得到“生机”。聪明的管理者不会等到真正的危机爆发才去应对，而是有备无患，管理者要提早看到危机的到来，及时向员工宣布，让大家树立危机意识与及时做好准备，让员工与企业同心共气、一起奋力为企业拼搏。

9.5 团队进化：打造好团队进阶的三维

VUCA 时代下要实现团队自我进化，必须围绕团队进阶的三个维度做文章，这三维分析是：团队思维、团队能力与团队活力，如下图所示。这三个维度也是一个团队综合竞争力的体现。

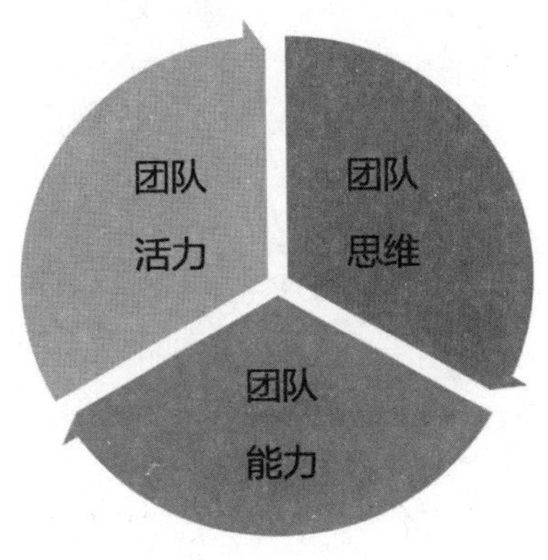

团队进阶的三维

1. 团队的思维

平庸的团队多是单向思维，做事只会按一种模式去思考，而成功的团队却拥有不同的思维方式。哈佛大学的校训之一：“成功取决于思维方式”。思维方式其实就是团队面对工作的技术；思维方式决定了团队在处理事务过程中的行动方向。优秀的团队往往具备以下三种思维。

（1）数据思维。

很多管理者都懂得，企业离不开各种数据，但是一个团队是否有数据管理能力，就另当别论了。尤其是作为基层的小团队管理者，普通缺乏数据管理的意识和专业知识，不懂得分析管理成本，不懂得运用数据指标来分析当前的工作。

什么叫数据思维，就是用所搜集的事实和数据说话。例如，企业每月底要做出当月的报表，当月赚了多少钱，每个部门花了多少钱，每个员工花了多少钱，都要做成报表。用数字说话，从这些数字中就能直观地看出企业团队是正在为企业获取价值，还是获得负债。

作为小团队管理者要懂得分析本团队的各项数据，包括团队的业务成本、人力成本、管理分摊、每月的业务数据、劳动效率等。要清晰知道员工每月的工作效率和业务数据与同期相比是增长了还是降低了，是什么原因造成的？

作为管理者，我们还要学会做盈亏平衡分析。一般来说，当企业的销售收入或产品销售达到某个点的时候，企业将会盈利；当企业的销售收入或产品销售量低于某个点的时候，企业就会亏损。这个点就是盈亏平衡点。用一个公式来表示：盈亏平衡点的销售收入 = 固定成本 + 变动成本。

例如，某生产型企业，其产品销售的单价是 50 元，生产每件产品的人力成本是 15 元，其他成本为 10 元，该企业每月的固定成本为 20 万元，该生产企业产品销售的盈亏平衡点是多少呢？

50 × 盈亏平衡点销量 =200 000+（15+10）× 盈亏平衡点销量

经计算得出，盈亏平衡点销量 =8 000 件，月盈亏平衡点销售收入为 400 万元。

按照此种思路，可以算出你们团队的盈亏平衡点在哪。假如我们是阿米巴模式或其他团队独立核算管理模式，作为小团队的管理者其实你就是这个团队自主经营的负责人，自然要学会算账，要有数据思维。

（2）创新思维。

仙人掌是一种在恶劣环境中也能够生长的植物，刚开始它只有一片掌叶，在长到一定规模后，在其顶部和两侧就会逐渐生出新的小掌叶，新出来的掌叶开始吸收母体的养分而逐渐长大，到一定阶段，在这片新的掌叶上又生出新的更小的组织，最终成为更强的、大型的仙人掌。

这种生长模式，也就是团队发展过程中希望的方式。如果只有单一的掌叶，整个组织就会很脆弱，团队的形态也是如此，开始时可能不是很牢固，但如果能不断培养出新的掌叶，组织的规模就可以不断扩大，生命力不断增强。团队中，新的掌叶即新的业务团队，他们不会自发出来，想要形成这样的组织，就需要母体存在一定的培育机制，并不断供血提供养分，给予足够的耐心培育新掌叶的成长，这是鼓励创新的机制，是培养创新的摇篮。

小团队具有灵活性、创新性的优势，可以快速试错，如果发现情况不妙可以迅速调头。但事实上，在日常的企业管理中，往往发现基层的小团队缺乏创新意识，大多是按部就班地做事情，缺乏活力。

要打造真正的创新型小团队，要做好三点工作。

①去中心化。

创新型小团队讲求彼此之间的高度联结，而且能够自治，这样才能挖掘潜力和源动力去创造内心渴望的产品，这种组织没有绝对的权力中心，即没有强制性的中心控制，而是用中心权的丧失来换取整个团队的活力。

②信息高度共享。

信息共享不仅可以让信息与资源充分被利用，更是团队有效沟通的一种方式，让大家在同一平台、同一起跑线上工作，减少了沟通成本。

③批判性思考。

VUCA时代下，外界环境与我们的经营模式变化越来越快，在日常管理工作中很难找到一种“包治百病”的良策，更多需要我们面对实际问题或情境，提出创造性的解决方法。管理者应该鼓励员工运用批判性思维去思考问题。鼓励员工大胆说出自己的灵感，通常绝妙的观点和策略就这样随之迸发而出。员工在此过程中个人创新理论与创造能力被不断巩固强化，对不同的业务工作的适应能力也会不断得以加强，工作品质随之提升。

（3）效率思维。

团队协作的目的是提升效率，但并不意味着人数越多越好。我们可以发现，很多大企业往往组织机构复杂，人浮于事。相反，小团队的作业效率普遍高于大团队作业的效率。因为，随着团队人员的增加，各种意想不到的问题也会纷纷冒出来。在这样的团队中，个人表现会逐渐减色，单个成员在项目中的参与度也会降低。尽管大型团队协作可以完成更多工作，但若是把大型团队拆分成若干个小团队，各个小团队完成的工作量远远超过大团队所完成的工作量。

2. 团队能力

团队能力指一个团队的综合能力，通常包括团队的业务能力、问题解决能力和执行能力。那么我们要提升团队的能力，可以从三方面来入手：业务驱动、管理驱动和问题驱动，如下图所示。

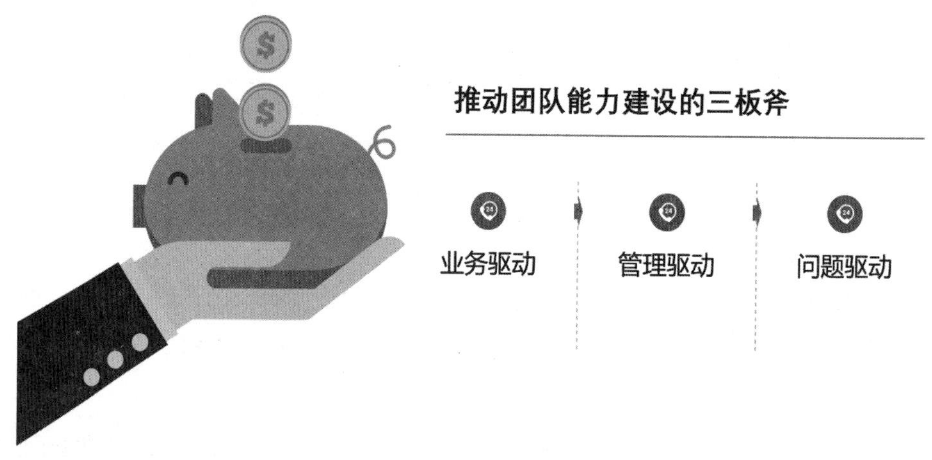

推动团队能力建设的三板斧

（1）业务驱动：业绩解千愁。

业务能力是组织的核心能力，所谓“业绩解千愁”。但业务能力是一项综合能力，包括业务的设计、业务的策划、业务的执行。其中业务设计是难点，它决定你的业务模式与销售战术。

企业的战略一般可分为两大类型：一种叫作成本领先战略，另一种叫作差异化战略。成本领先战略是采用低毛利率、高周转率的打法，也称效率制胜战略；差异化战略是采用高毛利率、低周转率的打法，主要是靠效益制胜，它有意识地牺牲了一些效率来换取更高的效益。以苹果和联想公司为例，苹果走的是高端路线，实施的是差异化战略；联想走的是大众路线，即实施成本领先战略。

业务的设计除了战略之外，还包括客户定位、价值聚焦、框定业务范围、销售打法四个步骤。

①客户定位。

任何一家企业，不管是战略规划，还是开发新产品，或者新产品上市，第一件要做的事就是客户定位。通俗地说，就是我们要把产品卖给谁？谁是我们的高价值客户群？可以说价值选择和客户定位是所有产品开发的第一步，也是所有做战略规划、做业务和销售方案的人最应该思考的核心问题之一。客户选择对了，我们才能开发出适销对路的产品，才不愁没有市场。

②价值聚焦。

价值聚焦对应的是客户的痛点和需求，即我们的产品能为客户解决什么问题？提供什么样的优质服务？给客户带来什么价值？为客户解决问题的大小，决定你产品的价值，也就是说你的产品价值是由客户来定的，而不是你自己吹嘘的。

③框定业务范围。

所谓业务范围，简单来讲就是在这个价值链上，你做哪些事情，不做哪些事情，哪些事物的核心业务是你要做的，哪些业务需求合作伙伴去做的。

例如，华为终端在做业务设计时，就会考虑：芯片要不要自己做？通过战略规划，华为确定了业务范围，认为芯片必须自己做，所以，现在才有了非常有名的麒麟芯片。尽管当年华为做芯片时，用的是成本非常高的 28 纳米材料，试产一次就要 2 000 美金的成本，但华为领导层认为这是值得的。事实证明，2019 年华为面对美国的打压时，这种战略思考发挥了重要作用。

④销售打法。

销售打法。指在业务模式与战略设计的基础上，采取最适合公司产品的销售策略。并在不断的销售实践过程中，不断摸索出公司的核心产品与优势竞争力，最终形成自己的战略控制点。

比如，腾讯的微信、京东的物流、华为的5G技术、高通的专利组合、宝洁的品牌，这些都是他们在长期的公司发展过程不断积累起来的优势竞争力，也是他们的战略控制点。

（2）管理驱动：打造自驱型团队。

管理驱动是提升团队能力的重要手段，衡量一个团队能力的重要指标是战斗力与执行力，我们常说："一个优秀的团队定能做到召之即来，来之能战，战之能胜。"

通过管理的手段来打造自驱型组织是新时代高绩效团队建设的核心方法。十几年前，类似淘宝、阿里的平台有很多，但是到了今天，类似淘宝、阿里的这些平台基本都销声匿迹了，仅有阿里能够活下来。不禁让人反思，为什么只有阿里能活下来？这里最核心的区别用马云的一句话总结："我与竞争对手相比，有同样的想法，同样的理念，同样的目标，唯一不同的是，我背后有一支自我驱动的团队。"

马云把成功归结于自驱动的团队，可见拥有一支自我驱动的团队则可事半功倍，这也是企业的重中之重。毕竟，在业务落地的执行中，自驱动的团队往往有着惊人的意志与自我驱动的意识。

很多时候都会听到管理者们抱怨员工不好带、员工不好用、团队很散诸如此类的话。其实，当下中国的企业大部分的团队建设都是有问题的，特别是90后成为就业主力人群后，更感到团队建设的艰辛。这主要都是归根于管理者思维的转换上，多数的管理者以威权思路建设团队，而现在的90后多数很抵触这一套，他们只佩服能者之士。所以，管理者要以德、以能服众；从"战争"中去建设自驱动型的团队，成为攻无不胜、战无不克的企业型的"黄埔军校"团队。

（3）问题驱动：高手是训练出来的。

在企业的发展过程中，会遇到很多的问题，而解决问题正是企业和团队发展的阶梯。爱因斯坦说："解决问题的方法、公式比解决问题本身更重要。"在我看来，解决问题的经验是宝贵的财富，甚至比成绩更重要。因为经验可以推广开来，从而推动同类工作的开展，可以收到以点带面的效果。管理者要善于总结过往解决问题的经验，从而为团队沉淀方法以应对类似问题，提升管理水平，把团队成员训练为解决问题的高手。

3. 团队活力

团队活力是维持团队创造力与持续业务能力的保障，华为任正非曾说过："过去十年，我观察到华为最大的问题就是组织活力递减，这是我们面临的最大挑战，必须下功夫解决。"

为解决这一问题，任正非从 2011 年开始讲得最多的概念就是熵增定律——热力学第二定律。"熵"指无序混乱的程度。熵增定律指在一个孤立的系统里，熵一定会随时间而增大，从井然有序走向混乱无序，最终导致灭亡。内生活力，抵消熵是唯一出路。企业内部一定要做负熵运动，来对抗熵增。这条思考源自物理学家薛定谔，他说过这样一句话："生命以负熵而生。"比如，运动属于在生理上降低身体的正熵，减少赘肉。

为此，华为提出了"开放系统，远离平衡，依靠外部压力或挑战来激活组织"的观念，倡导奋斗者为纲，建立以奋斗者为本的价值评价与利润分配机制。

那么，作为基层的小团队如何来保持团队活力呢？个人认为可以从以下几个维度来解决。

（1）打破平衡，引入竞争机制。让 PK 机制常态化，时刻让大家保持危机意识。所谓哪里有竞争哪里就能燃起活力。

（2）持续的培训。员工的能力是影响其活力的重要因素，提高员工的素质和能力是保留员工活力的重要方法。

（3）让员工深度参与团队工作。尽量让团队中每个人都发挥作用，都显得重要，让团队所有员工深度参与团队工作中来，让他们感觉到自己与团队是共同发展的。

（4）优化沟通机制。建立自由、信任、通畅的沟通机制，既能让大家畅所欲言，群策群力，有利于协调工作，提升工作效率；也可以让团队工作氛围更轻松，活力释放得以体现。

（5）建立职业发展通道。为员工提供充分成长的空间，建立职业升迁通道，是保持组织活力的有效手段。作为小团队管理者，要支持与鼓励下属成长，要把下属培养成下一个你，甚至超越你。

（6）绩效考核。通过考核来奖勤罚懒，团队不养懒人、闲人，让团队中每个人都充分发挥价值。

9.6　自我催化：寻找团队绩效增长点

在VUCA时代下，一切处于不确定与变化的状态之中，对于绝大多数管理者而言，无论怎样的技术敏锐、商业洞察，都已经很难完全做到谋定而后动，环境的不确定性加上内心的失控感已是管理者的工作常态。正如大润发董事长黄明瑞说："我赢了所有的竞争对手，却输给了时代。"

鸡蛋从内打破成为崭新的生命，而鸡蛋从外打破却成为别人的食物。优秀的团队一定是自我进化，不断寻找新的业绩的增长。

1. 固定型思维进化为成长型思维

畅销书《终身成长：重新定义成功的思维模式》系统地提出了"成长型思维"的概念，并将此定义为成功的思维模式。在书中，斯坦福大学心理学教授德韦克介绍了固定型思维模式和成长型思维模式这两种思维模式，同时也说明了人们应对成功与失败、成绩与挑战时的两种基本心态。

固定型思维的人在面对挑战时，习惯性将责任归结到外部环境等因素，而不是从自身找原因；成长型思维的人却敢于面对挑战，从自身找原因，善于不断学习与寻找机会，更看重未来的可能性。

2014年，微软宣布由萨蒂亚•纳德拉出任新一任CEO，他也成为继比尔•盖茨和史蒂夫•鲍尔默之后微软第三任CEO。

仅仅几年时间，萨蒂亚•纳德拉就带领此前被看衰多年的微软重振雄风。将微软的市值从2 000多亿美元带向7 000多亿美元。

翻开纳德拉写的新书《刷新：重新发现商业与未来》，我们可以找到其中的答案。书中除了回顾他个人成长经历外，他提出了同理心、重塑文化的重要性，还有一点至关重要，那就是成长型思维对他产生的巨大影响。纳德拉积极将此思维运用到微软，并产生了正向积极的改变。公司的文化也得到了重塑，微软变得更"酷"了，甚至很多业内人士预测，在未来，微软有可能重返第一的位置。

一个团队只有树立成长型思维才能不断学习进化，敢于面对挑战，而不是一遇到问题就归结为外部环境，不停地抱怨只会消耗团队的能量。

2. 绩效管控思维进化为绩效增长思维

传统的绩效管理思维侧重于绩效考核，结果往往成为变相扣员工工资、奖金的行为，导致员工的积极性降低，抱怨不断，这肯定不是绩效管理想要的目的。而绩效管理的根本目的是把我们的团队从上到下激发起来，一起推动达成公司的经营目标，实现经营增长。因此，作为团队管理，我们要将绩效管控思维转化为绩效增长思维。

绩效增长思维强调的不是考核员工，而是激活员工，实现员工"要我干"变为"我要干"。绩效增长思维不是像绩效考核一样做"减法"，而是做"加法"，要让团队动起来，帮公司先赚钱，然后把增长的部分合出一定比例作为奖金，这样实现了公司与员工的双赢。

一个组织或团队要想实现绩效增长，必须紧紧围绕三个方面来作长远考虑，我们也称之为绩效增长三步骤：第一步，设置绩效增长机制；第二步，明确绩效增长目标；第三步，寻找绩效增长策略，如下图所示。

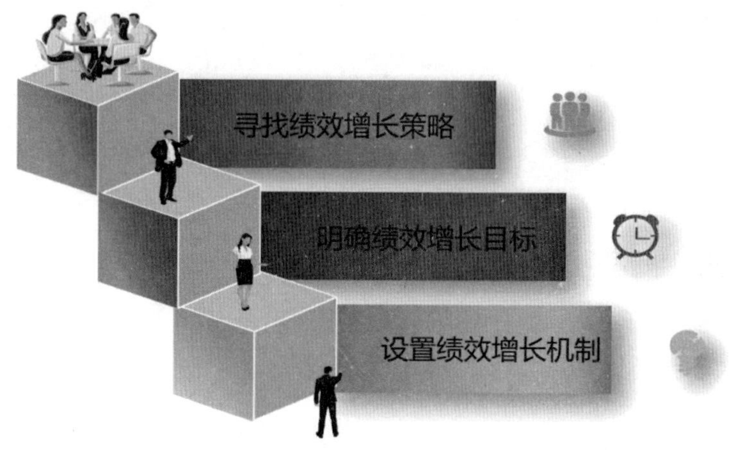

组织实现绩效增长三步骤

（1）设置绩效增长机制。

绩效增长机制是保障绩效增长实施的前提，也是激活员工的基础。人性都是趋利避害，追求快乐，逃避痛苦是人之天性，而绩效管理的出发点就是基于人性趋利避害的思维。

①减少员工底薪，增加绩效奖金。

我们常见的绩效管理有一个公式：工资 = 底薪 + 绩效。高底薪能给员工带来安全感，也滋生员工的懒惰心理，而绩效增长机制的设计应体现在多劳多得，按绩效分配，一切围绕绩效增长做文章。

通过减少底薪部分，提高绩效部分，能有效激活员工，实现“要他干”变为“他要干”。打破了传统高底薪低绩效的考核方法，能有效避免老员工的懒惰心理。

②减员增效，优胜劣汰。

马云曾说过一个著名的绩效管理思维：三个人干五个人的活发四个人的工资。马云特别强调人效的概念，马云当时给“中供铁军”的第一个指标就是人效，人均 100 万人民币收入，没有人数限制，每增加一个人就要增加 100 万的收入，当时阿里产品的净利润率 30% 左右，也就是说人均要为公司带来 30 万人民币利润。当时地面推广团队 5 000 人，就对应着 50 亿的营业额，12

亿 5 千万元的利润。

③保存量，求增量。

保存量、求增量是绩效增长的核心打法，存量意味着原有的业务，而增量即需要寻找新的业务增长点、新的业务范围。这就要求团队管理者要有“增量思维”，缺乏增量思维的人，往往希望守住已有的资源和业务；而具备增量思维的人明白“不破不立”，不仅要考虑“我们有什么”，更要考虑“我们要什么”“怎样才能达到目标”。

比如某公司原来的产品主要做 To B 业务，面向企业端客户，后来发现当地企业端客户基本上达到了饱和，为了持续增加销量，做了两个方面的变革：一是开发新产品，丰富公司的产品品类；二是开展 To C 的业务模式，加大直接面向消费者的业务范围。

（2）明确绩效增长目标。

首先我们要根据企业的发展规划来梳理企业的年度目标，再分解到每个团队。作为管理者，我们要清晰知道自己团队的年度目标，再根据团队的年度目标如何分解到每个季度、每个月；如何让绩效增长目标落实到每个员工身上。当团队中员工离职时，我们采取何种措施来保障团队年度业绩增长目标的实现。

（3）寻找绩效增长策略。

寻找绩效增长策略是让绩效增长目标落地的关键，这里给大家提供寻找绩效增长策略的两个工具。

工具一：关键价值链公式

用锁定关键价值链法来提升绩效的基本思路为：第一步，找到公司业务的关键价值链，并用公式表达出来；第二步，寻找关键价值链上可突破提升的因素点；第三步，综合比较可提升的策略，看看哪些策略是目前公司可以做到的？哪些策略是目前的最佳绩效增长策略？

例如，某服装店上个月的销量为 20 万 / 月，而本月的目标是提升销量的 30%，我们怎么来分析增长策略呢？

①找到服装店业务关键价值链，并用公式表达出来：销量 = 来店客户数 ×

转化率 × 每名客户的平均消费金额。经统计分析目前门店的销量来源为每月到店客户数约为 5 000 人次，转化率为 15%，平均每名客户的消费单价约为 260 元。

②从销售公式来看，要想提升门店业绩，可以从增加来店客户数、提升转化率、提升每名客户的消费金额来入手。但从目前的经营情况来分析，“提升到店客户数”与“提升转化率”比较有可能实现。而“提升到店客户数”又可采用加大广告与促销投入、微信公众号引流、异业联盟、提升门店导引服务等方式来实现。“提升客户转化率”可采用加强员工销售培训、对老客户实施老带新奖励、体验式营销法等方式来实现。

关键价值链分析法可有效帮助我们用量化的方式来找到现状与目标的差距，从而通过价值链上关键环节的深入分析，来找到适合公司实际情况的绩效增长策略。

工具二：鱼骨图分析法

鱼骨图分析法由日本管理大师石川馨提出，是广泛用于原因分析、目标分解的工具，在我们思考组织绩效增长维度也能发挥着重要作用。用鱼骨图分析绩效增长策略的基本思路可分为四步：第一步，鱼头锁定目标成果，在鱼头上写上要实现的增长目标。第二步，围绕增长目标，建立系统逻辑规划；比如生产相关绩效增长可分为劳动效率、交货周期、成本、技术等相关因素来进行整体规划；营销增长可分为客户、渠道、产品、价格等相关因素来进行逻辑规划。第三步，通过数据分析抓重点。看看在哪些因素上可以找到增长点。第四步，落实行动，责任到人。

比如，某美容医院 2019 年销售额是 5 000 万元，2020 年的目标是提升业绩的 25%，即增长 1 250 万元。围绕这个增长目标，我们用鱼骨图来进行分解：第一步，在“鱼头”上写上 2020 年的业绩增长目标“营收增加 25%”；第二步，通过系统规划，我们分别从提升来访客户数、提升人均消费、新业务增长、管理提升四个维度来进行综合分析，找出每个增长维度上的有效策略；如下图所示。第三步，通过各个维度及策略上的数据分析，抓住 2020 年可能实现业绩增长的重点工作；第四步，根据可实现业绩增长的重点工作，制订详细的工作计划，落实责任人。

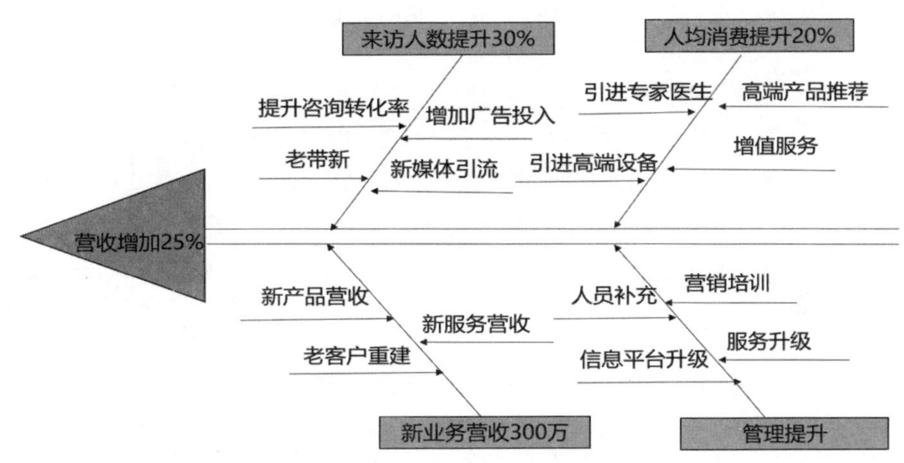

某美容医院绩效增长鱼骨图分析

综合以上两个绩效增长分析工具，关键价值链公式法侧重于量化分析，适用于业务类、效率类团队绩效增长策略分析，它的优点是聚焦、能帮助我们迅速抓住工作的重点，在关键环节等重点突破；而鱼骨图分析法的应用更广泛，不仅可应用于业务类、效率类团队可量化的绩效增长策略分析，也可用于行政后勤、研发等团队不好量化的团队绩效增长策略分析。

参 考 文 献

[1] 饶美霞 . 小团队管理手册 : 管理者创业者的必修课 [M]. 长春 : 吉林文史出版社 , 2019.

[2] 管奇 , 吴默冬 . 共情领导力 : 最好的管理是相互成就 [M]. 北京 : 中国铁道出版社有限公司 , 2020.

[3] 管奇 , 黄红发 , 冯婉珊 . 激活人才 : 人力资源管理效能突破 [M]. 北京 : 中国铁道出版社有限公司 , 2020.

[4] 邱昭良 . 复盘 +：把经验转化为能力 [M]. 3 版 . 北京 : 机械工业出版社 , 2018.

[5] 大前研一 . 思考的技术：思考力决定竞争力 [M]. 刘锦秀 , 谢育容 , 译 . 北京 : 中信出版社 , 2010.

[6] 考夫曼 . 穷查理宝典 : 查理·芒格智慧箴言录 [M]. 李继宏 , 译 . 北京 : 中信出版社 , 2016.

[7] 达利欧 . 原则 [M]. 刘波 , 綦相 , 译 . 北京 : 中信出版社 , 2018.

[8] 塔勒布 . 反脆弱 : 从不确定性中获益 [M]. 雨珂 , 译 . 北京 : 中信出版社 , 2014.

[9] 吴建国 . 华为团队工作法 [M]. 北京 : 中信出版集团 , 2019.

[10] 樊登 . 可复制的领导力 : 樊登的 9 堂商业课 [M]. 北京 : 中信出版集团 , 2017.

[11] 孙圈圈 . 请停止无效努力 : 如何用正确的方法快速进阶 [M]. 北京 : 团结出版社 , 2017.

[12] 任康磊 . 小团队管理的 7 个方法（全图解落地版）[M]. 北京 : 人民邮电出版社 , 2019.

[13] 郭丰 . 管理就是激活团队 : 打造问题解决型团队的九个维度 [M]. 北京 : 中华工商联合出版社 , 2019.

[14] 沈军 . 管理教练 : 以成果为导向的价值管理模式 [M]. 南京 : 江苏人民出版社 , 2011.

[15] 大辉 . 直面不确定性 : 如何从危机中获益 [M]. 北京 : 北京时代华文书局 , 2020.

[16] 林国峰 . 上任第一年 : 小团队管理全攻略 [M]. 广州 : 广东经济出版社有限公司 , 2020.

[17] 李尚龙 . 你没有退路 , 才有出路 [M]. 北京 : 北京联合出版公司 , 2019.

[18] 周剑熙 . 带团队一定要会心理学：99% 的管理失败源于不懂员工心理 [M]. 北京 : 人民邮电出版社 , 2018.

[19] 王建华 . 互联网时代盈利模式 [M]. 北京 : 企业管理出版社 , 2016.